lonely planet

LO MEJOR • VIDA LOCAL • GUÍA PRÁCTICA

VIENA

DE CERCA

BECKI ENRIGHT

Sumario

Puesta a punto 4

Nationalbibliothek Prunksaal (p. 46).
SYLVAIN SONNET/GETTY IMAGES ©

Explorar Viena 37

Merece la pena

Guía práctica 145

Imprescindible

Bienvenidos a Viena

De ruinas romanas a imponentes palacios imperiales, museos de arte creados a lo largo de más de 600 años de historia, calles barrocas, *Kaffeehäuser* (cafeterías) ancladas en el tiempo bajo magníficas lámparas de araña y *Beisln* (tabernas vienesas) enmaderadas, Viena sumerge al visitante en una historia milenaria. Pero más allá del esplendor de los Habsburgo, esta metrópoli fusiona lugares históricos arrebatadores con *Bezirke* (distritos) modernos y tradición cultural contemporánea.

Café, Kunsthistorisches Museum Wien (p. 76).
MARCOBRIVIO.PHOTOGRAPHY / SHUTTERSTOCK ©

Las mejores experiencias

Curiosear entre los fondos imperiales del Kunsthistorisches Museum Wien (p. 76)

AARON CHOI/SHUTTERSTOCK ©

MISTERVLAD/SHUTTERSTOCK ©

Darse aires de grandeza por el Hofburg (p. 40)

POSZTOS/SHUTTERSTOCK ©

Descubrir la espectacular Staatsoper (p. 100)

MISTERVLAD/SHUTTERSTOCK ©

Embobarse con la simbólica Stephansdom (p. 58)

Testar la cultura vienesa en el MuseumsQuartier (p. 82)

TASFOTONL/SHUTTERSTOCK ©

UWE ARANAS/SHUTTERSTOCK ©

Recorrer el Schloss Belvedere y sus jardines (p. 116)

SYLVAIN SONNET/GETTY IMAGES ©

Retroceder en el tiempo en el Naturhistorisches Museum (p. 86)

MILOSZ MASLANKA/SHUTTERSTOCK ©

Deambular por el majestuoso Schloss Schönbrunn (p. 138)

Divertirse en el Prater (p. 134)

SEBASTIAN GORA PHOTO/SHUTTERSTOCK ©

Dónde comer

Comer en Viena es adentrarse un poco en su pasado, en los Wiener Würstelstande *(puestos de salchichas), en bares de vinos a la luz de las velas y en rústicas* Beisln *(tabernas típicas) enmaderadas que sirven* goulash *y* Wiener Schnitzel. *Su presente se encontrará en cafés modernos, mercados multiculturales y restaurantes internacionales, y su futuro, en espacios innovadores y restaurantes con estrella Michelin, con un plantel de chefs que abren nuevas perspectivas.*

CRISTINA.A/SHUTTERSTOCK ©

Especialidades locales

Schnitzel El *Wiener Schnitzel* clásico es un escalope de ternera, pero ahora también se prepara con cerdo.

Frittatensuppe Caldo vienés de ternera servido con finas tiras de creps.

Goulash El *Rindsgulasch* (*goulash* de ternera) con paprika, una versión del húngaro, es un clásico vienés.

Würst La *Burenwurst* es la típica salchicha especiada vienesa, pero la *Käsekrainer* (rellena con taquitos de queso) es la más popular.

Tafelspitz Este típico plato de ternera cocida en caldo de *Suppengrün* (sopa de verduras) se sirve con patatas asadas y salsa de *Kren* (rábano picante).

Beuschel Asaduras guisadas (normalmente pulmón y corazón en lonchas), servidas con cremosa salsa de ragú.

Backhendl Pollo empanado y frito, acompañado de ensalada. También se le llama *Steirisches Backhendl* (pollo frito de Estiria).

Zwiebelrostbraten Ternera asada fileteada, servida con salsa de carne y cebolla frita.

Schinkenfleckerln Cazuelita de pasta al huevo con jamón al horno.

Bauernschmaus "Festín campesino" de varias carnes, completado con bolitas de masa y chucrut.

Kaiserschmarrn Tortita dulce con uvas pasas, acompañada con compota de ciruelas o manzanas.

Apfelstrudel Hojaldre relleno de manzanas dulces y especiadas, y espolvoreado con azúcar glasé.

Marillenknödel Buñuelos dulces de albaricoque; son típicos del verano, cuando se recolectan los albaricoques de Wachau.

Los mejores restaurantes

Steirereck im Stadtpark Cocina con estrella Michelin al lado del río Viena. (p. 127)

Lingenhel Tienda delicatesen-bar-restaurante y quesería en una casa bicentenaria. (p. 129)

Plachutta Hietzing El mejor lugar para probar el *Tafelspitz* vienés. (p. 139)

Griechenbeisl El restaurante más antiguo de Viena y una *Beisl* con mucha historia. (p. 69)

Los mejores 'Schnitzels'

Figlmüller Los inventores del *Wiener Schnitzel* original, que lo sirven desde 1905. (foto; p. 59)

Skopik & Lohn Antigua *Beisl* convertida en bistró moderno en el hotel Karmeliterviertel, con uno de los *Schnitzels* mejor valorados. (p. 135)

Meissl & Schadn Salón con cocina abierta para ver cómo preparan el *Schnitzel.* (p. 68)

Gasthaus Reinthaler Una de las últimas tabernas auténticas que quedan en el centro histórico, de 1977. (p. 49)

Los mejores vegetarianos y veganos

Tian Restaurante *gourmet* con estrella Michelin que trabaja con ingredientes insólitos y apuesta por la cocina experimental. (p. 68)

Swing Kitchen *Fast food* saludable; sus hamburguesas son sensacionales. (p. 94)

Veggiezz Popular local vegano con una contundente carta de temporada. (p. 109)

El mejor 'goulash'

Glacis Beisl *Goulash* genuino en una *Beisl* bohemia, entre el MuseumsQuartier y Spittelberg. (p. 93)

Cafe Anzengruber *Beisl* moderna de siempre, con pinceladas tradicionales, que sirve *goulash* con patatas cocidas con piel. (p. 108)

Zur eisernen Zeit La *Beisl* más antigua (1916) del Naschmarkt, famosa en el barrio por su tradicional *goulash* vienés. (p. 108)

Los mejores puestos de salchichas

Bitzinger Würstelstand Céntrico puesto de salchichas del Hofburg, en Albertinaplatz. (p. 49)

Würstelstand LEO El puesto más viejo de Viena (desde 1928) es toda una institución.

Zum Scharfen René Tiene la selección de chile más grande y picante de Viena para condimentar las salchichas. (p. 108)

Merece la pena: Das Loft

De color gris metalizado y con grandes ventanales con amplias vistas del perfil urbano sobre el canal del Danubio (el Prater y la Stefansdom incl.), el **Das Loft** (dasloftwien.at;) es único con sus sillas de cuero, desayunos, *brunches,* tentempiés o cócteles. Ofrece menús de cena de cocina de fusión de hasta cuatro platos.

Viena en un bocado

'Sachertorte'

La base de la famosa tarta Sacher de Viena es un bizcocho de chocolate.

Cubierto de una espesa capa de chocolate glaseado.

Y relleno de una fina capa de mermelada de albaricoque, que combina de maravilla con el chocolate.

Para acompañar, nada mejor que *Schlagobers* (nata montada).

★ Las mejores tartas Sacher

Café Sacher (p. 51).

Demel (p. 50).

Café Landtmann (p. 94).

Café Schwarzenberg (p. 109).

Café Sperl (p. 109).

Un dulce original

No hay viaje a Viena que se precie sin tarta Sacher: bizcocho de chocolate cubierto de *fondant* glaseado, relleno de una fina capa de mermelada de albaricoque y servida con *Schlagobers* (nata montada).

Franz Sacher creó la *Sachertorte* en 1832 para el príncipe Klemens Wenzel von Metternich. El nieto de Sacher, Eduard, se llevó la receta y los derechos de distribución a la pastelería Demel en 1934. Hasta 1963 se libraron disputas legales entre Demel y el Café Sacher por la marca y el título. Un acuerdo extrajudicial concedió al Café Sacher los derechos por el apelativo "Original Sacher-Torte", y a Demel el derecho a utilizar el sello triangular decorativo de "Eduard-Sacher-Torte".

Café Landtmann (p. 94).

De bares

En esta ciudad donde la historia baila un vals con la vanguardia, hay desde las bodegas abovedadas de los tiempos de Mozart hasta bulliciosas cervecerías, garitos de estudiantes, coctelerías, locales retro y bares de azotea. Y con más de 700 Ha de viñedos dentro de los confines de la ciudad, visitar una Heuriger *(taberna de vinos) es muy fácil.*

BARMALINI/SHUTTERSTOCK ©

Uva y cereales

Aunque los vieneses prefieran el vino a la cerveza, esta también ocupa un lugar destacado en la oferta de ocio de la ciudad. Se pueden probar las siguientes variedades.

Blauburgunder Pinot noir complejo y afrutado.

Grüner Veltliner Vino blanco fuerte y refrescante con notas cítricas y de pera.

Riesling Vino blanco afrutado de marcada acidez (foto).

Zweigelt Tinto con cuerpo y fuerte aroma a cerezas.

Dunkel Cerveza negra espesa de sabor muy intenso.

Helles Cerveza rubia con un toque picante, clara y ligeramente lupulosa.

Pils *Pilsner* nítida, fuerte y a menudo amarga.

Märzen Cerveza rojiza con intenso sabor a malta.

Zwickl Cerveza sin filtrar de aspecto turbio.

Schnäpse *(Schnapps)* Aguardiente de fruta que se toma tras las comidas.

Webs

falter.at Recomendaciones y agenda semanales.

viennawurstelstand.com Cartelera de eventos, mensual y de fin de semana.

wien.info Agenda nocturna ordenada por temas.

Precios

Una cerveza cuesta 3-5 €, y una copa de vino local, desde 3 €. Se paga 5 € por un *spritzer,* 7 € por un combinado sencillo y desde 10 € por un cóctel.

VOLKERPREUSSER/ALAMY STOCK PHOTO ©

Los mejores bares de vinos

Pub Klemo Weinbar Buenos e insólitos vinos cosecheros europeos, por copas. (p. 110)

R&Bar (Rundbar) Moderno bar de vinos naturales, con degustaciones por copas y maridajes. (p. 95)

Esterházykeller Sirve vinos de la bodega Esterházy Palace. (p. 53)

Las mejores microcerveceríasfi

Salm Bräu Lugar relajado junto al Schloss Belvedere. (p. 130)

1516 Brewing Company *Gastropub* con cervezas artesanas de la casa y de temporada. (p. 70)

Los mejores cócteles

Loos American Bar Magia mixóloga en este bar minimalista diseñado por Adolf Loos. (p. 51)

Barfly's Club Mezclas maravillosas en un entorno sofisticado y acogedor en el Die Josefine Hotel. (p. 110)

Kruger's American Bar Sienta bien un margarita en esta coctelería enmaderada de los años veinte. (p. 69)

Merece la pena: Wieninger

El agradable **Wieninger** (foto), una *Heuriger* de barrio escondida al otro lado del Danubio, cuenta con un jardín con farolillos y parras y un acogedor interior de madera. Para disfrutar de sus vinos afrutados (principalmente blancos) y platos *gourmet* austríacos.

De compras

SIMLINGER/SHUTTERSTOCK ©

Esta elegante ciudad de larga historia artesanal ahora ha extendido sus alas creativas hasta el mundo de la moda y el diseño. Tanto si se busca porcelana pintada a mano en el Innere Stadt (centro urbano), lo último en streetwear en Neubau o exquisiteces epicúreas en el Freihausviertel, se hallará inspiración, calidad y atención al detalle.

Calles comerciales

Graben El eje más peripuesto de Viena, con tiendas tradicionales en magníficas mansiones (foto dcha.).

Kohlmarkt La ostentosa calle de la alta costura que conduce al Hofburg.

Kärntner Strasse Abarrotada calle comercial que va de Sacher a Stephansplatz.

Neubaugasse Los diseñadores más de moda se apostan en esta calle y las aledañas Kirchengasse y Lindengasse.

Mariahilfer Strasse La milla comercial de Viena, con grandes marcas y mucha gente.

Freihausviertel Calles llenas de tiendas de moda patria, diseño y exquisiteces gastronómicas, al sur del Naschmarkt.

Mercados

Casi todos los barrios tienen su mercado (lu-sa), en general reflejo de la diversidad del mismo.

Algunos barrios acogen *Bauernmärkte* (mercados de granjeros) los sábados por la mañana, donde los productores venden verduras, fruta, embutidos, huevos, *Schnapps* caseros y flores.

La ciudad también es sede de festivos *Christkindlmärkte* (mercados navideños) y *Ostermärkte* (mercados de Pascua), con puestos de artesanías, comida y bebida, y actividades para los niños.

Los mejores mercados

Naschmarkt Es el más grande de Viena, con puestos y comida callejera que son un deleite para los sentidos. (foto; p. 109)

Brunnenmarkt El mayor mercado callejero de la ciudad, siempre hasta la bandera. (p. 73)

Karmelitermarkt Moderno rincón culinario entre semana, los viernes y sábados se convierte en un atractivo mercado de granjeros. (p. 135)

SHCHIPKOVA ELENA/SHUTTERSTOCK ©

La mejor comida y bebida

Alt Wien Vende más de 40 variedades de café, ya envasado o preparado al gusto. (p. 112)

Blühendes Konfekt Para decírselo con un ramo de hojas bañadas en chocolate o flores confitadas. (p. 112)

Freudich Vintage Store Cuidadosa selección de piezas *vintage* a la última, acompañada de un café y un pastel. (p. 97)

El mejor diseño

Die Werkbank Cooperativa con algunos de los diseñadores más innovadores de Viena. (p. 89)

Die Sellerie *Concept atelier* con arte y objetos de diseño de fabricación europea. (p. 97)

La mejor moda y complementos

Runway Prometedores diseñadores austríacos. (p. 97)

Kitsch Bitch Sight Store Tienda de vanguardia con creaciones de diseñadores patrios e internacionales. (p. 89)

Consejos para salir de compras

- En las tiendas no se regatea, excepto en las de segunda mano y en los *Flohmärkte* (mercadillos).

- Se aplica un 20% en concepto de *Mehrwertsteuer* (MWST; IVA) a la mayoría de los artículos. Los ciudadanos extracomunitarios pueden reclamarlo en compras superiores a 75,01 €. Más información en globalblue.com.

Cafeterías

La longeva tradición de Viena de cafés y pastelerías captura la esencia del Gemütlichkeit, *esa cualidad tan austríaca de comodidad y desmayada satisfacción. En las cafeterías, señoriales o humildes, con pósteres o con lámparas de araña, se puede acompañar a los capitalinos con un café, un pastel o un pedacito de historia viva.*

SONJA PRILLER/LONELY PLANET ©

Cultura cafetera

En el 2011, las *Kaffeehäuser* (cafeterías) de Viena fueron incluidas en la lista de Patrimonio Cultural Inmaterial por la Unesco, que las define como "lugares en los que se consume tiempo y espacio pero donde solo se paga el café".

En los "salones de Viena", el espíritu del refinamiento sin prisas sigue siendo sagrado. Mientras tanto, algunos establecimientos abren paso a una nueva era de creatividad.

Cómo pedir un café

Decir "un café", a secas, quizá cause estupor. En casi todas las cartas aparece la siguiente nomenclatura para pedirlo con propiedad.

Brauner Solo pero servido con un suspiro de nata; puede ser *gross* (grande) o *klein* (pequeño).

Einspänner Café exprés con nata montada y servido en vaso.

Verlängerter *Brauner* alargado con agua caliente.

Mocca A veces escrito como *Mokka* o *Schwarzer* (café solo/exprés).

Melange El clásico vienés: mitad café, mitad leche y con espuma de leche o nata; recuerda al capuchino.

Kapuziner Café exprés doble, con nata montada.

Eiskaffee Café frío con helado de vainilla y nata montada.

Maria Theresia Con licor de naranja y nata montada.

Türkische Se sirve en un cazo de cobre (con los posos) y azucarado.

KARL ALLEN LUGMAYER/SHUTTERSTOCK ©

Las mejores cafeterías históricas

Café Sperl La nostalgia y las mesas de billar reinan en esta preciosidad *Jugendstil (art nouveau)* de 1880. (p. 109)

Café Leopold Hawelka Hundertwasser y Warhol frecuentaron este acogedor local. (p. 49)

Café Schwarzenberg Magnífica cafetería de 1861, la más antigua de Ringstrasse. (foto; p. 109)

Diglas Cafetería clásica con tentadores bancos corridos y pianista a partir de las 19.00. (p. 70)

Los mejores pasteles

Demel Pasteles y tartas dignos de la realeza. (foto izda.; p. 50)

Café Sacher El rey de la tarta Sacher. (p. 51)

Vollpension Joya intergeneracional con 200 pasteles distintos que se van alternando. (p. 107)

Consejos

- **Precios** Un café cuesta 3-6 €; un trozo de pastel, 4-6 €; y un plato principal, 9 €.
- **Horario** La mayoría abre a las 8.00 y cierra entre 22.00 y 24.00 (do más pronto).
- **Comidas** Muchas *Kaffeehäuser* sirven *Frühstuck* (desayunos) y *Tagesteller* (plato del día) al mediodía a un módico precio. Los platos siempre son contundentes.

Comienza el espectáculo

MANFRED WERNER/WIKIPEDIA/CC BY-SA 4.0 ©

En Viena, la oferta de ocio es muy amplia, desde ópera, música clásica y teatro hasta rock *o* jazz *en directo. Aquí están el teatro en lengua alemana más antiguo del mundo, el Burgtheater, y también los famosos Niños Cantores de Viena y la Orquesta Filarmónica de Viena, que actúa en la Musikverein, de acústica impecable.*

Ópera

Viena es la capital mundial de la ópera. Los principales teatros son el Staatsoper (cierra jul y ago) y el Theater an der Wien.

Música clásica

En Viena hay muchos sitios para escuchar música clásica. Aparte de los grandes auditorios, las iglesias son habituales escenarios concertistas, p. ej. de Mozart y Vivaldi. La barroca Anna Kirche (iglesia de Santa Ana) es una de las mejores para música sinfónica.

'Rock' y 'jazz'

La oferta de *rock* y *jazz* es muy prolífica, con bandas locales e internacionales que tocan tanto en bares como en grandes locales. Consúltese falter.at para más información. El festival más grande es el **Donauinselfest** (donauinselfest.at), en verano. También están el **Popfest** (foto; popfest.at), de cuatro días, y el Gürtel Night Walk, con bandas locales y promesas.

Entradas más económicas

Salas de conciertos, como la Staatsoper y la Musikverein, ofrecen entradas de pie a precios económicos.

Cine

Las siglas "OF" u "OV" después del título de la película significan que se proyecta en versión original; "OmU" es con subtítulos en alemán; "OmenglU" y "OmeU" son con subtítulos en inglés. Consúltese la cartelera en film.at.

Artis International, Haydn Kino y Burg Kino son algunas de las mejores salas de la ciudad para taquillazos en inglés.

POSZTOS/SHUTTERSTOCK ©

La mejor música clásica

Staatsoper Uno de los teatros de ópera más importantes del mundo, con el repertorio más amplio. (foto; p. 100)

Musikverein La opulenta sede de la Orquesta Filarmónica de Viena y del famoso concierto de Año Nuevo. (p. 111)

Konzerthaus Importante en los ciclos de música clásica, con 2500 obras por temporada. (p. 131)

Burgkapelle Los Niños Cantores de Viena participan en la misa dominical en esta capilla del s. XIII. (p. 42)

El mejor 'rock' y 'jazz'

Konzerthaus Sus salas también acogen música étnica, *rock*, pop o *jazz*. (p. 131)

Jazzland La sala de *jazz* más antigua de Viena programa de todo, en una bodega bajo la Ruprechtskirche. (p. 71)

Porgy & Bess Subterráneo club de *jazz* y otras músicas, con un cartel de talentos europeos e internacionales. (p. 71)

Arena Wien Local puntero para grupos de *rock* y música alternativa, en un antiguo matadero. (p. 133)

El mejor teatro y danza

Volkstheater Uno de los teatros más grandes y señoriales de Viena, de 1889. Solo espectáculos en alemán. (p. 96)

Tanzquartier Wien Producciones locales e internacionales de danza en el MuseumsQuartier. (p. 85)

Merece la pena: MuTh

El contemporáneo auditorio **MuTh** (muth.at) es la sede de los Wiener Sängerknaben (Niños Cantores de Viena), que antes solo actuaban en el Hofburg. Además de las sesiones corales de los viernes a las 17.00, la sala programa danza, teatro, ópera, música clásica, *rock* y *jazz*.

Turismo responsable

ZDRAVKO CIRIC/SHUTTERSTOCK ©

Experiencias positivas, sostenibles y para sentirse bien en la ciudad.

Dejar menos rastro

- Además de una magnífica red de transporte público, el servicio de bicicletas compartidas local es una forma fabulosa de aprovechar los 1600 km de carriles bici de la ciudad. **WienMobil Rad** (wienerlinien.at/wienmobil/rad) tiene 185 estaciones, repartidas por todos los barrios.

- Evitar los residuos plásticos y llevar una cantimplora reutilizable. Las 1300 fuentes de Viena surten de agua potable de manantial desde los bajos Alpes de Austria-Estiria.

Sobreturismo

Viena ha sido uno de los municipios más activos de Europa en abordar los problemas de la economía compartida. Hay que colaborar con la ciudad y evitar los alquileres de corta estancia.

Visitar Viena en las temporadas baja y media (feb-may y sep-nov) ayuda a aliviar la presión a la que está sometida.

Quedarse más de dos días y no ceñirse solo a los museos y lugares emblemáticos y visitar otros barrios donde compran, comen y viven muchos vieneses, o ir a los parques y jardines.

Aportar algo

Apoyar a las empresas locales que integran y dan formación a personas refugiadas como **magdas HOTEL** (magdas-hotel.at/en/vienna-city) y **Habibi & Hawara** (habibi.at), el primer restaurante de Viena regentado por refugiados.

Respaldar iniciativas que aborden problemas sociales. Disfrutar de un café y un pastel en el **Voll-**

KAGAN KAYA/SHUTTERSTOCK ©

pension (vollpension.wien), el único café de concepto generacional de la ciudad que apoya a sus anfitriones *Oma* y *Opa* (abuela y abuelo), y plantearse un circuito a pie con **Shades Tours** (shades-tours.com/en/shades-tours), encabezado por personas sin hogar o con adicciones para quienes un trabajo así puede ayudarles a rehacer sus vidas.

Exploración que vale la pena

Unhashtag Vienna (unhashtag.vienna.info) es una iniciativa que anima a los viajeros a olvidarse de sus teléfonos inteligentes y dejar de ver la ciudad a través de la lente de las redes sociales, fomentando una exploración más eficaz.

Otra campaña, **Unrating Vienna** (unrating.wien.info), pretende contrarrestar la obsesión por las valoraciones en línea, preguntando a los visitantes "¿quién decide lo que te gusta?". Ambas campañas quieren conseguir que la visita a Viena sea más gratificante.

La ciudad verde

Los jardines públicos de Augarten y Stadtpark; los jardines ornamentales de Schönbrunn y Belvedere, y los prados de Burggarten y Volksgarten; la zona del Prater; la reserva de Lainzer Tiergarten; los bosques de Viena y los viñedos urbanos: la mitad de Viena es espacio verde, atravesado por las 12 rutas senderistas de la ciudad (wien.gv.at/english/leisure/hiking/paths.html).

Arquitectura

MIRKO KUZMANOVIC/SHUTTERSTOCK ©

Sin quererlo, los otomanos ayudaron a modelar buena parte del aspecto físico de Viena. El segundo asedio turco libró a los Habsburgo de la amenaza de la guerra, y el dinero antaño invertido en defensa se dedicó a la reurbanización de la ciudad, desatando el frenesí urbanístico durante el período barroco del s. XVII y principios del s. XVIII.

Rococó

Este estilo elegante que incorpora mucho tono pastel y exuberancia en mármol, oro y plata hizo furor en el s. XVIII.

Neoclasicismo, Biedermeier y Ringstrasse

A partir del s. XVIII, los arquitectos vieneses –y del resto de Europa– se volcaron en los estilos arquitectónicos neoclásicos basados en la armonía y la sencillez.

El final de las Guerras Napoleónicas y la consiguiente celebración del Congreso de Viena de 1814-1815 marcaron el inicio de la época Biedermeier (que debía su nombre a un personaje ficticio satírico burgués de un periódico de Múnich). Los vieneses crearon extraordinarios interiores durante esta época, con una clase media deseosa de cierto estilo.

Cuando el emperador Francisco José I de Austria ordenó derribar las murallas medievales en 1850 para unir la ciudad con los barrios residenciales, se puso en marcha el proyecto urbanístico más revolucionario de su época, con el cambio hacia el liberalismo y la nueva riqueza expresados a través del estilo historicista de Ringstrasse (vía de circunvalación), que combinaba distintos estilos.

La mejor arquitectura

Stephansdom Esta excelsa catedral preside el centro histórico de Viena. (foto; p. 58)

Schloss Belvedere El gran palacio barroco de Viena. (p. 116)

Hofburg Seis siglos y medio de historia imperial. (p. 40)

Schloss Schönbrunn Preciosidad barroca con magníficos jardines. (p. 138)

Circuitos guiados

JORG HACKEMANN/SHUTTERSTOCK ©

En Viena se ofrecen todo tipo de circuitos: en autobús, en barco, a pie (quizá temáticos), en mini bólido o en un Fiaker (carruaje de caballos). También se puede visitar la región vitivinícola de las afueras.

Los mejores circuitos

Fiaker Carriage Rides En calesa de caballos (foto). Se concentran en Stephansplatz, Albertinaplatz y Heldenplatz, en el Hofburg. En el 2016 se adoptaron medidas para el bienestar de los animales (reducción de la jornada y, con temperaturas superiores a 35°C, cese de actividad, entre otras).

Más información sobre los caballos en el circuito "Secrets of the Fiaker" con **Riding Dinner** (vienna.ridingdinner.com), que incluye una visita a los establos.

Whoosh (whoosh.wien) Curiosos circuitos en inglés, como los "Vienna Ugly Tours" que descubren el lado más feo de la capital, y los "Midnight Tours".

Hidden Vienna (hiddenvienna.guide) Para descubrir lo inesperado, desde los apartamentos secretos de María Teresa hasta las historias de espionaje en el circuito "I Spy Vienna".

Hot Rod City Tour (hotrod-tour-wien.com) Mini bólidos individuales salen en convoy durante 1½ h por la ciudad.

Secret Vienna (secretvienna.org) Revela facetas de Viena desconocidas para el viajero, como la ciudad subterránea en el circuito "Vienna Behind the Scenes" ("Viena entre bastidores").

Shades Tours (shades-tours.com) Circuitos a pie guiados por personas sin hogar y afectadas por adicciones.

Correr por la ciudad

Gabi y Basti –los dos hermanos austríaco-brasileños al frente de Rebel Tours Vienna (rebeltoursvienna.com)– presentan la ciudad de una forma original: combinando deporte e historia. La "carrera", de 6,5 km y 1½ h, arranca delante de los museos en Maria-Theresien-Platz, en el centro, y discurre por zonas verdes de la capital.

LGTBIQ+

Viena, tolerante y expresiva, acoge una animada oferta para la comunidad LGTBIQ+, desde las actuaciones en el escenario del Drag Lab y el espectáculo Queens Brunch hasta un sinfín de locales queer *y bares gais, que se concentran en el Naschmarkt y los distritos 4 y 6. El Regenbogen Parade (Desfile del Arcoíris; foto) es la mayor celebración de Orgullo LGTBIQ+ local, en junio.*

SPITZI-FOTO/SHUTTERSTOCK ©

Consejos para salir de compras y de bares

Stephane Magloire, director creativo y *drag dad* de Queens Brunch (@queens brunchvienna), recomienda los mejores establecimientos LGTBIQ+.

En la histórica **Rosa Lila Villa Lesbian and Gay House (Die Villa)** (dievilla.at) se esconde una joya *queer:* el **Villa Vida Café** (villavida.at). Programa el popular Queens Brunch, espectáculo internacional de *drag queens.* Un lugar fabuloso para hacer amigos si se viaja solo.

El **Village Bar** (village-bar.at) y **The Hive** (the-hive.at) son dos animados bares gais. Cuando no se sepa dónde ir, ambos son buenas opciones.

Para vivir la clásica experiencia *queer* vienesa, hay que ir al **Café Savoy** (cafe-savoy.at), el mejor sitio para ver gente.

Tokyo Boom (tokyoboom.at) es un tecnicolor café vegano japonés *kawaii* con un espectáculo *drag* mensual durante la cena.

¿Se ha olvidado algo? La única súper tienda *queer* de Viena, **GAYT** (gaytstore.com), tiene de todo. No hay que perderse la galería de arte fetichista de la parte de abajo.

Viena inadvertida

Si es la primera vez que se visita Viena, seguramente se primará el centro histórico y sus palacios, parques y lugares típicos. A continuación se ofrecen algunos consejos sobre lo que se podría hacer con más tiempo, o por si se siente curiosidad por saber qué hay más allá del gran meollo cultural.

SIMLINGER/SHUTTERSTOCK ©

Hoteles-'boutique' en barrios residenciales

En los barrios residenciales de Viena se han instalado varios hoteles-*boutique*, sitios con aparcamiento y precios más 'asequibles' que en el centro, y bien comunicados con los principales puntos de interés en transporte público.

Barrio de moda

Si se pregunta a los vieneses enterados por la zona del momento en la ciudad, muchos dirán que el distrito 2, Leopoldstadt, donde está el Prater. Este barrio variopinto cuenta con fabulosos restaurantes internacionales y con el mercado de abastos Karmelitermarkt.

Y si se les interroga por el más emergente, probablemente nombren el distrito 15, Rudolfsheim-Fünfhaus, que se está convirtiendo en epicentro de la creatividad, si bien eclipsado por sus vecinos y modernos distritos 6 y 7.

Museos insólitos

Entre el más de un centenar de museos de Viena, los hay muy curiosos, como el Museo de Falsificaciones de Arte, el Museo Funerario en el Cementerio Central (foto), el Museo de los Anticonceptivos y del Aborto y el Museo de la Calefacción, entre otros.

Metrópolis sin carne

En Viena, cuna del *Wiener Schnitzel*, abren cada vez más restaurantes vegetarianos y veganos, tanto de comida rápida como gastronómicos, lo que no está mal para un país con tan elevado consumo de carne.

Para niños

Viena es una ciudad ideal para los niños, que son bienvenidos en todos los ámbitos de la vida cotidiana. Muchos museos se desviven por ofrecer exposiciones para el público infantil. Los restaurantes suelen tener raciones pequeñas y hay muchos parques para que los pequeños correteen.

MITZO/SHUTTERSTOCK ©

Los mejores museos y atracciones para niños

Haus der Musik Exposiciones prácticas que fomentan la comprensión musical para todos. (p. 66)

Naturhistorisches Museum Maravillosa sección antropológica donde indagar en la ciencia forense; ofrece estancias nocturnas. (foto; p. 86)

Time Travel Vienna Salas temáticas y exposiciones interactivas repasan la historia de Viena, con un trayecto en un *Fiaker* en 5D como colofón. (p. 48)

Zoom Espacios expositivos y programas prácticos de arte y artesanía (de 8 meses a 14 años de edad). (p. 85)

Dschungel Wien Teatro infantil con danza y, a veces, funciones en inglés. (p. 85)

Kindermuseum Los pequeños se pueden disfrazar de príncipes y princesas en el Museo de los Niños del Schloss Schönbrunn. (p. 142)

Marionetten Theater Funciones de *La flauta mágica* y de *Aladdín* en el teatro de marionetas del Schloss Schönbrunn. (p. 143)

Tiergarten Los pandas, tigres y demás fieras del zoo más antiguo del mundo en funcionamiento ininterrumpido nunca fallan. (p. 143)

Consejos

- **Transporte público** Gratis para menores de 6 años; billetes sencillos a mitad de precio para menores de 15 años.
- **Restaurantes** Rara vez tienen cambiadores o menús infantiles, pero suelen ofrecer raciones para niños.
- **Hoteles** Suelen tener cunas. Los menores de 12 años que se alojen en la habitación de sus padres suelen disfrutar de un descuento.

Arte

Viena es una de las capitales más fascinantes del mundo en lo que a artes visuales se refiere. Los Habsburgo patrocinaron el arte a lo grande, dejando un exquisito legado de pinturas y esculturas antiguas por toda la ciudad, hoy bien secundadas por obras modernas y contemporáneas.

KOVERNINSKA OLGA/SHUTTERSTOCK ©

'Jugendstil' y Secesión

La rama germana del movimiento *art nouveau,* que se extendió por toda Europa, se conoció como *Jugendstil* (estilo juvenil).

A principios del s. XX, muchos artistas adoptaron una versión exclusivamente vienesa, llamada Secesión, que descartaba los aspectos más decorativos del *Jugendstil.* Y nadie abrazaría el sensualismo de este movimiento como Gustav Klimt, uno de los artistas más famosos de Viena.

Artes contemporáneos

Viena cuenta con una boyante oferta artística contemporánea que pone especial énfasis en romper barreras y en los nuevos medios.

En marcado contraste con movimientos más radicales como el accionismo, el grupo vienés Neue Wilde apuesta por las técnicas y medios tradicionales.

Los mejores museos y galerías de arte

Kunsthistorisches Museum Vienna Repleto de obras de los grandes maestros. (p. 76)

Albertina Excepcional colección de artes plásticas. (foto; p. 46)

Schloss Belvedere Atesora la mayor colección de Klimt en el mundo. (p. 116)

Leopold Museum Gran colección de obras de arte austríacas, sobre todo del s. XIX y arte moderno. (p. 83)

mumok La mejor colección de arte del s. XX de Viena; suele exponer obras del accionismo vienés. (p. 83)

Secession El dorado *Friso de Beethoven* de Klimt destaca en este escaparate secesionista. (p. 106)

Cuatro días perfectos

Día 1

JEFF WHYTE/SHUTTERSTOCK ©

Se empieza en el corazón de Viena, la **Stephansdom** (p. 58), con su cavernoso interior, púlpito gótico y altar mayor barroco. Se sube a la torre sur de la catedral para deleitarse con las vistas, o se baja a las Katakomben (catacumbas), su osario subterráneo.

Se sigue con la obra maestra arquitectónica de los Habsburgo, el **Hofburg** (p. 40), con sus museos, como los Kaiserappartements, que incluyen el Museo Sisi.

De noche, se exploran las calles iluminadas del Innere Stadt y la animada zona de bares, sin olvidarse de tesoros arquitectónicos como la **Griechenbeisl** (foto; p. 69), el restaurante más antiguo de la ciudad, y los bares **Kruger's American Bar** (p. 69) y **Loos American Bar** (p. 51).

Día 2

RADU BERCAN/SHUTTERSTOCK ©

Se va al **Kunsthistorisches Museum Wien** (p. 76) para pasar, como mínimo, una mañana bajo el hechizo de las obras de los grandes maestros.

Por la tarde se puede cambiar de tercio y visitar algún museo del **MuseumsQuartier** (p. 82). Los amantes de arte contemporáneo podrían optar por el mumok o la modernidad austríaca del **Leopold Museum** (foto; p. 83).

Se termina en el barrio de moda de Neubau (distrito 7) en favoritos imperecederos como la **Amerlingbeisl** (p. 77), el infalible **R&Bar** (p. 95), *art déco*, y bares a la última como el **Liebling** (p. 93), con su mobiliario *vintage*.

Día 3

GABOR KOVACS PHOTOGRAPHY/SHUTTERSTOCK ©

Se reparte la mañana entre los jardines formalistas franceses y las galerías preñadas de arte del **Schloss Belvedere** (foto; p. 116).

Se va al **Prater** (p. 134), el recreativo patio verde de Viena, con 250 atracciones de feria en el Würstelprater. Se come algo en la bonita zona del Karmeliterviertel de Leopoldstadt, uno de los barrios del momento.

Se disfruta del atardecer en garitos del canal del Danubio como el **Motto am Fluss** (p. 69) o el **Strandbar Herrmann** (p. 123), y se remata la noche en el bar-restaurante **Das Loft** (p. 11), en el piso 18º y con amplias vistas.

Día 4

EQROY/SHUTTERSTOCK ©

Se visita tranquilamente (pronto) la deslumbrante residencia estival de la familia imperial, el **Schloss Schönbrunn** (p. 138), con sus jardines formalistas.

Se da una vuelta por el moderno Freihausviertel y se come en el café generacional **Vollpension** (p. 107) antes de visitar otra joya barroca, la **Karlskirche** (p. 106). Se va al **Secession** (foto; p. 106) para ver obras trascendentales de este estilo tan vienés, incluido el *Friso de Beethoven* de Klimt, de 34 m de largo.

Se disfruta del ambiente vespertino del **Naschmarkt** (p. 109), y de la oferta nocturna de los aledaños barrios de Mariahilf (6) y Margareten (5). Se toma un vino en el **Pub Klemo Weinbar** (p. 110) y se echan unos bailes en el **Club U** (p. 111).

Lo esencial

Para más información, véase 'Guía práctica' (p. 145)

Moneda
Euro (€)

Idioma
Alemán

Visados
No se necesita para estancias de hasta 90 días; desde mediados del 2025, los ciudadanos extracomunitarios necesitarán una preautorización ETIAS.

Dinero
Abundan los cajeros automáticos. En hoteles económicos, restaurantes sencillos o bares y cafés podrían no aceptar el pago con tarjeta.

Teléfonos móviles
Consúltese con el proveedor de servicio sobre el uso del teléfono en Austria y los precios de la itinerancia.

Hora local
Hora central europea (GMT/UTC + 1 h).

Propinas
Redondear en bebidas y un 10% en restaurantes y taxis.

Presupuesto diario

Económico: hasta 100 €

Cama en dormitorio colectivo: 35-45 €

Habitación doble económica por persona: 40-80 €

Comida ligera o plato del día de almuerzo: 5-12 €

Puntos de interés gratis y museos económicos: hasta 9 €

Happy hour: cerveza/vino 2-4 €, cóctel 5-8 €

Precio medio: 100-180 €

Habitación doble de hotel por persona: 90-120 €

Comida de dos platos con copa de vino: 25-35 €

Museos importantes: 14-20 €

Precio alto: desde 180 €

Doble en hotel superior por persona: desde 160 €

Comida de varios platos con vino: desde 70 €

Ópera y teatro: desde 40 €

Antes de partir

Tres meses antes Reservar entrada para la Staatsoper, los Niños Cantores de Viena, la Escuela Española de Equitación y citas importantes.

Un mes antes Reservar mesa en restaurantes punteros. Consultar la programación en wien.info y en las webs de teatros y auditorios. Reservar alojamiento para verano y Navidad.

Una semana antes Para bares y restaurantes, consultar falter.at, y reservar mesa en restaurantes populares para fines de semana.

Como llegar

Aeropuerto internacional de Viena

El City Airport Train (**CAT; cityairport train.com**) sale del aeropuerto a diario cada 30 min de 6.08 a 23.38 (16 min). El tren de cercanías S7, más económico pero más lento, también circula cada 30 min de 4.49 a 1.19 desde el aeropuerto a Wien Mitte/Landstrasse (4,40 €, 30 min). Un taxi cuesta 42 € (tarifa plana).

Wien Hauptbahnhof

Situada 3 km al sur de la Stephansdom, la estación principal de trenes centraliza todos los servicios internacionales, los de las capitales de los estados federados austríacos y muchas llegadas locales y regionales. La línea 1 del *U-Bahn*, los tranvías D y O y el autobús nº 13 la comunican con el centro. Un taxi al centro cuesta 15 €.

Cómo desplazarse

U U-Bahn

Rápido, cómodo y seguro. Las cinco líneas de metro *(U-Bahn)* funcionan de 5.00 a 24.00 (24 h vi y sa). Se está construyendo la línea 6.

Tranvía

Más lento pero con mejores vistas. Funciona de 5.15 a 23.45, según la línea.

Autobús

Fiable, puntual y con varias líneas útiles para turistas. La mayoría circula de 5.00 a 24.00; los fines de semana puede haber menos o ninguno.

Autobús nocturno

Útil sobre todo para ir a las afueras; pasa cada 30 min de 12.30 a 5.00.

Barrios de Viena

Hofburg y alrededores **(p. 39)**

El complejo palaciego de Hofburg, sede de los mejores museos y de la famosa Escuela Española de Equitación, es la pieza central de este barrio señorial.

Distrito cultural y museístico, y el barrio de Neubau **(p. 75)**

El arte llena los museos de este barrio, repletos de obras maestras, así como sus talleres de diseño y restaurantes y bares vanguardistas.

Karlsplatz y alrededores **(p. 99)**

El vibrante barrio de Karlsplatz acoge mercados irresistibles, tiendas de artesanías, locales nocturnos animados y opciones de ocio excepcionales.

Centro histórico (p. 57)
Elegantes calles comerciales, locales musicales e interesantes centros romanos y judíos son los reclamos del antiguo corazón de Viena.

Del Schloss Belvedere a Landstrasse (p. 115)
El monumental Schloss Belvedere es el valioso reclamo de este barrio arbolado, que también destaca por su arquitectura y empresas creativas.

Explorar
Viena

Merece la pena

Circuitos a pie por Viena

Stephansdom (p. 58). MISTERVLAD/SHUTTERSTOCK ©

Explorar Hofburg y alrededores

El esplendor imperial alcanza su clímax en esta parte de la ciudad, donde los cascos de los caballos de los carruajes resuenan sobre los adoquines de las calles. Su centro es el magnífico complejo palaciego de Hofburg, con sus grandes museos y atracciones, como los caballos danzantes de la Escuela Española de Equitación. Hay más museos al norte, hacia Stephansplatz.

Lo esencial

- ***Hofburg (p. 40)*** *Pasear por este monumental complejo palaciego.*
- ***Albertina (p. 46)*** *Admirar arte gráfico de talla mundial en las lujosas salas de este palacio.*
- ***Kaiserappartements (p. 41)*** *Visitar las deslumbrantes estancias imperiales de los Habsburgo y el Museo Sisi, dedicado a la emperatriz Isabel.*
- ***Escuela Española de Equitación (p. 42)*** *Ver los famosos lipizzanos blancos durante un hipnótico espectáculo de danza sincronizada.*
- ***Museos del Neue Burg (p. 43)*** *Maravillarse con reliquias etnográficas, contemplar antiguos artefactos de Éfeso y desentrañar acontecimientos políticos en la Casa de la Historia Austríaca.*

Cómo llegar y desplazarse

U Herrengasse (U3) y Stephansplatz (U1, U3) son las estaciones más próximas al Hofburg, pero Museumsquartier (U2) también está bien para ir a la parte del palacio en Heldenplatz.

Práctica para entrar desde Ringstrasse (D, 1, 2, 71 Ring/Volkstheater, Burgring y Kärntner Ring/Oper).

Plano de la zona en p. 44.

Hofburg (p. 40). MISTERVLAD/SHUTTERSTOCK ©

Las mejores experiencias

Darse aires de grandeza por el Hofburg

Construido en el s. XIII como castillo fortificado, fue la residencia de los Habsburgo desde Rodolfo I en 1279 hasta el colapso de la monarquía austríaca con Carlos I en 1918 y es la muestra definitiva del poder imperial de Austria. Hoy, el impresionante complejo palaciego alberga las oficinas del presidente del país, un conjunto de museos extraordinarios y señoriales plazas públicas.

PLANO P. 44, D3

Palacio imperial

sisimuseum-hofburg.at

Kaiserappartements

Los **Kaiserappartements** (sisimuseum-hofburg.at) fueron las dependencias oficiales de Francisco José I (1830-1916) y de la emperatriz Isabel (1837-1898), o Sisi, como se la conocía cariñosamente. La sensación del lugar es el **Museo Sisi,** dedicado a la emperatriz más querida de Austria, que exhibe más de 300 objetos personales, entre ellos recuerdos de infancia, vestidos y joyas. También hay una réplica de su gimnasio personal, con sus anillas y barras, y una reconstrucción de su lujoso carruaje Pullman. Además, se exhiben muchos retratos famosos de la emperatriz, así como su máscara funeraria, elaborada tras su asesinato en Ginebra en 1898.

La entrada incluye una audioguía en varios idiomas de 75 min. Se ofrecen visitas guiadas por los Kaiserappartements y el Museo Sisi. La contigua **Silberkammer** (colección de plata) estaba cerrada indefinidamente cuando se visitó.

Kaiserliche Schatzkammer

La **Kaiserliche Schatzkammer** (kaiserliche-schatzkammer.at) custodia tesoros seculares y eclesiásticos de incalculable valor en una muestra asombrosamente compartimentada de reliquias del Sacro Imperio Romano Germánico y de los Habsburgo.

Entre las magistrales insignias y condecoraciones imperiales del **Tesoro Secular** destacan la enjoyada corona y la lanza santa del emperador Rodolfo II (sala 2), la valiosa corona imperial del Sacro Imperio Romano Germánico (sala 11), cuajada de piedras preciosas y perlas, y la distinguida insignia de la Orden del Toisón de Oro (sala 15).

El enmaderado **Tesoro Sacro** custodia una colección de insólitas reliquias religiosas: fragmentos de la Santa Cruz, la Lanza con que Longinos atravesó el costado de Jesús crucificado, uno de los clavos de la Crucifixión, una espina de la corona de Jesucristo y un trozo

★ Consejos

- Quien quiera visitar varias atracciones del Hofburg y aledaños debería plantearse conseguir alguna de las varias entradas combinadas que hay (p. 52), que además de ahorrar dinero evitan las colas para sacar las entradas individuales.
- La entrada para los espectáculos de la Escuela Española de Equitación hay que sacarla con meses de antelación, y las de a pie, al menos un mes antes.

✕ Una pausa

En el Bitzinger Würstelstand am Alber-tinaplatz (p. 49) se puede probar una típica salchicha vienesa.

En la terraza o en el interior *art nouveau* de la preciosa **Palmenhaus** (palmenhaus.at) sirven bebidas o comida austríaca tradicional.

del mantel de la Última Cena. Las audioguías cuestan desde 5 € pero valen la pena.

Burgkapelle

Original del s. XIII, la **Burgkapelle** (hofmusikkapelle.gv.at) fue remodelada en estilo gótico entre 1447 y 1449, pero casi todo desapareció durante el período barroco. Solo sobrevivió su colección de tallas de madera de la bóveda, que da fe de sus orígenes. La **misa con los Niños Cantores de Viena** se oficia aquí cada domingo a las 9.15 (sep-jun). En julio y agosto la capilla a veces cierra al público, así es que conviene informarse bien.

Escuela Española de Equitación

La mundialmente famosa **Escuela Española de Equitación** (srs.at) es una institución vienesa que evoca de verdad la época imperial de los Habsburgo. El clásico arte de la equitación se practica aquí con sementales lipizzanos blancos residentes desde 1565. Estos elegantes caballos ejecutan una danza sincronizada con música clásica en el picadero barroco de la Escuela de Invierno de Equitación.

Hay muchas formas de ver a los lipizzanos. La mejor son los espectáculos de demostración, pero hay que reservar con meses de antelación, y con uno como mínimo si se pretende adquirir una de las entradas de pie. Ambas pueden conseguirse en línea; en la web figuran las fechas. Normalmente solo se ofrecen espectáculos durante los fines de semana; los entrenamientos son entre semana, por la mañana (10.00-11.00).

Con suerte, podrían verse a los lipizzanos descansando en el **Stallburg** (establo del palacio) después de los ensayos. Durante las horas de entrenamiento (7.00-12.55) cruzan la calle hasta la Escuela de Invierno de Equitación aproximadamente cada 30 min. Las **visitas guiadas** de 1 h (13.00, 14.00, 15.00 y 16.00 ma-do), en inglés y alemán, recorren el picadero, los establos y demás instalaciones. Los **circuitos de arquitectura** salen los sábados (15.30). En el centro de visitantes venden todas las entradas.

Museos del Neue Burg

En el Corps de Logis del **Neue Burg** (khm.at) estaba prevista una casa de huéspedes imperial, pero desde 1928 alberga una de las colecciones etnográficas más importantes del mundo: el Welt Museum (Museo del Mundo).

Los recuerdos personales acumulados durante las expediciones continentales de los tres archiduques Habsburgo (Fernando Maximiliano, el príncipe heredero Rodolfo y Francisco Fernando) a lo largo del s. XIX componen la exposición permanente, que consta de 250 000 objetos antropológicos no europeos, acompañados de piezas, dibujos, fotografías y notas científicas de otros exploradores, como el navegante británico James Cook, repartidos por 14 salas.

Una exposición examina el debate actual sobre las causas y consecuencias de la expansión colonial de Europa y el contexto de saqueo, donación o intercambio de las reliquias arqueológicas y culturales adquiridas.

En este complejo está la **Sammlung alter Musikinstrumente** (Colección de Instrumentos Musicales Antiguos), extraordinariamente diversa, y el museo **Hofjagd und Rüstkammer** (Armas y Armaduras) que exhibe sobre todo armaduras de los ss. XV y XVI.

El vecino **Ephesos Museum** recoge el trabajo de los arqueólogos austríacos que han estado excavando la antigua ciudad griega de Éfeso desde 1895. Importantes estatuas y frisos del yacimiento, en la actual Turquía, fueron trasladados a Viena. Sus valiosos hallazgos incluyen los preciados relieves en paneles de piedra tallada del Monumento de los Partos y el relieve de Amazona del templo de Artemisa, una de las primeras Siete Maravillas del Mundo.

La **Haus der Geschichte Österreich,** el primer museo de historia contemporánea de Austria, abarca de mediados del s. XIX a la actualidad. Ofrece una cronología y explicaciones detalladas del último siglo de acontecimientos políticos a través de 57 estaciones interactivas, con exposiciones, documentos, fotografías y películas que cubren el paso de la monarquía a la fundación de la Primera República en 1918, la anexión de Austria por el Tercer Reich antes de la II Guerra Mundial, las migraciones, la cultura de protesta y el lugar que ocupa Austria en la Unión Europea. Las visitas guiadas en inglés salen a las 13.00 los sábados y duran 30 min.

A
B
C
D
1
2
3
4
5
6
Rathauspark
Rathausplatz
Rathausplatz/
Burgtheater
Teinfaltstr
Löwelstr
Freyung-Passage
24
Herrengasse
Strauchgasse
Bankgasse
Universitätsring (Ringstrasse)
Minoritenplatz
Leopold-Figl-Gasse
Herrengasse
3
Globenmuseum
Stadiongasse/
Parlament
B-Kreisky-Gasse
Schauflergasse
Parlamento
Dr-Karl-Renner-Ring
(Ringstrasse)
Volksgarten
Ballhaus-
platz
Hofburg
In der
Burg
Dr Karl-
Renner-
Ring
17
Ring/
Volkstheater
Heldenplatz
Bellariastr
19
Naturhistorisches
Heldenplatz
Reseñas en:
Las mejores experiencias p. 40
Puntos de interés p. 46
Dónde comer p. 49
Dónde beber p. 49
Ocio p. 53
De compras p. 54
Burgring (Ringstrasse)
8
Burggarten
0
200 m
Burgring

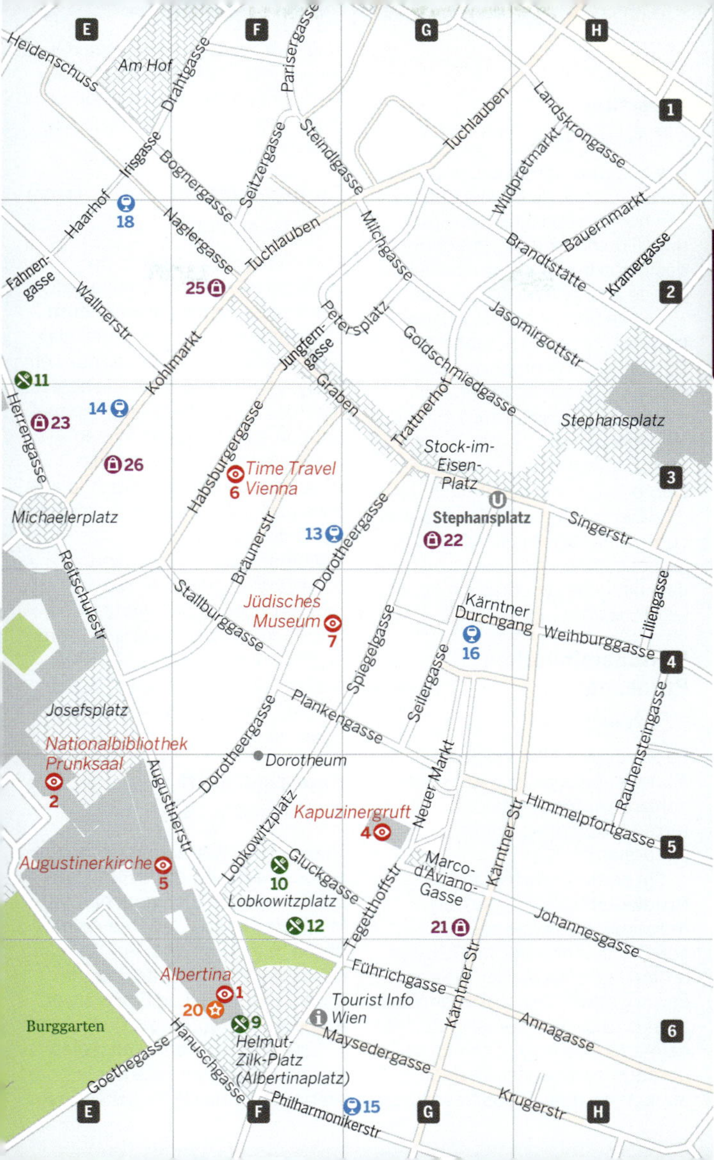
E
F
G
H
1
2
3
4
5
6
Heidenschuss
Am Hof
Drahtgasse
Parisergasse
Tuchlauben
Landskrongasse
Irisgasse
Bognergasse
Seitzergasse
Steindlgasse
Wildpretmarkt
Haarhof
18
Naglergasse
Tuchlauben
Milchgasse
Bauernmarkt
Brandstätte
Kramergasse
Fahnen-gasse
Wallnerstr
25
Petersplatz
Jasomirgottstr
Jungfern-gasse
Goldschmiedgasse
Kohlmarkt
11
Graben
Stephansplatz
Herrengasse
14
23
Trattnerhof
Stock-im-Eisen-Platz
26
Habsburgergasse
Time Travel Vienna
6
Michaelerplatz
Stephansplatz
Singerstr
Braunerstr
13
Dorotheergasse
22
Reitschulestr
Stallburggasse
Jüdisches Museum
7
Kärntner Durchgang
Liliengasse
16
Weihburggasse
Spiegelgasse
Seilergasse
Josefsplatz
Plankengasse
Rauhensteingasse
Nationalbibliothek Prunksaal
2
Dorotheergasse
Dorotheum
Augustinerstr
Neuer Markt
Himmelpfortgasse
Kapuzinergruft
4
Lobkowitzplatz
Kärntner Str
Augustinerkirche
5
Gluckgasse
10
Marco-d'Aviano-Gasse
Lobkowitzplatz
Tegetthoffstr
Johannesgasse
12
21
Führichgasse
Albertina
1
20
Tourist Info Wien
Kärntner Str
Annagasse
Burggarten
9
Maysedergasse
Goethegasse
Hanuschgasse
Helmut-Zilk-Platz (Albertinaplatz)
Krugerstr
15
Philharmonikerstr

Puntos de interés

Albertina

GALERÍA

1 PLANO P. 44, F6

Los antiguos aposentos imperiales para invitados de los Habsburgo son hoy un repositorio con más de un millón de dibujos y grabados, es decir, una de las mayores colecciones de arte gráfico del mundo.

Vale la pena visitar la galería tanto por la permanente Colección Batliner de arte moderno, con más de 500 obras que abarcan de Monet a Picasso, como por la alta calidad de las exposiciones temporales. Su pieza estrella es la *Liebre joven*, una acuarela de 1502 de Alberto Durero. Las audioguías cubren, en varios idiomas, todas las secciones y explican la historia del lugar y de las obras expuestas. (albertina.at)

Nationalbibliothek Prunksaal

BIBLIOTECA

2 PLANO P. 44, E5

La principal biblioteca de Austria alberga una colección impresionante de libros, mapas, globos terráqueos y otras reliquias culturales.

Sin embargo, lo mejor es la **Prunksaal** (sala de gala), un majestuoso espacio barroco construido entre 1723 y 1726 por orden de Carlos VI. Corredores con columnas de mármol se abren a salas circulares con estanterías de madera de nogal con motivos dorados, coronadas por una cúpula con magníficos frescos. En el centro se alza una estatua del emperador, rodeada de 200 000 libros encuadernados en piel, los más antiguos de 1501. Hay audioguías. (onb.ac.at)

Globenmuseum

MUSEO

3 PLANO P. 44, D2

Como parte del conjunto de museos de la Nationalbibliothek, junto con el **Esperantomuseum** (accesible con la misma entrada), dedicado al idioma inventado, y el **Papyrusmuseum** (entrada aparte, adultos/niños 5 €/gratis), al papel antiguo, este pequeño museo alojado en un antiguo palacio (Palais Mollard) está dedicado a la cartografía y, al parecer, es el único de su tipo en el mundo.

Además de su importante colección de globos terráqueos y mapas del s. XIX, incluye tesoros que se remontan hasta s. XVI, como el globo terráqueo que Mercator realizó para el emperador Carlos V en 1541. (onb.ac.at/museen/globen museum)

Kapuzinergruft

MAUSOLEO

4 PLANO P. 44, G5

Debajo de la **Kapuzinerkirche** (erzdioezese-wien.at) está la Kapuzinergruft (cripta de los Capuchinos), la última morada de la mayoría de los miembros de la familia real de los Habsburgo, entre ellos la emperatriz Isabel de Baviera y el emperador Francisco José I.

Este impresionante mausoleo fue inaugurado en 1618 por la emperatriz Ana (1585-1618), cuyos restos mortales, junto con los de su esposo, el emperador Matías (1557-1619), fueron los primeros en ser depositados aquí.

Hay un total de 150 Habsburgos enterrados aquí, entre ellos 12 emperadores y 22 emperatrices. Pero destaca la ausencia de tres. El último emperador, Carlos I, que fue enterrado en el exilio en Madeira, y María Antonieta (hija de María Teresa), que sigue en París. Los restos del tercero, el duque de Reichstadt, hijo de la segunda esposa de Napoleón, María Luisa, fueron trasladados a París en 1940 como treta publicitaria de los nazis.

También se exponen filas de urnas que contienen los órganos vitales imperiales. Uno de los muchos privilegios de ser un Habsburgo era el desmembramiento y dispersión de los órganos tras el fallecimiento: sus corazones están en la Augustinerkirche; sus intestinos, en Stephansdom; y el resto de sus cuerpos, aquí, en la Kapuzinergruft. Solo se ofrecen circuitos guiados en alemán, de lunes a sábado a las 14.00 y 15.30, y domingos a las 14.00. (kapuziner gruft.com)

Augustinerkirche IGLESIA

5 PLANO P. 44, E5

Lo más importante de esta iglesia gótica del s. XIV no es su pálido interior abovedado, sino la Herzgruft (cripta de los Corazones), bajo la capilla de Loreto, que custodia

Albertina.

MISTERVLAD/SHUTTERSTOCK ©

RRRAINBOW/SHUTTERSTOCK ©

Palmenhaus (p. 41).

las urnas de plata que contienen los corazones de 54 soberanos Habsburgo. El lugar abre todos los domingos tras la misa mayor de las 11.00 (oficiada con coro y orquesta); se puede visitar sobre las 12.30.

La iglesia programa regularmente conciertos vespertinos de música clásica; los horarios figuran en hochamt.augustiner.at. Durante la visita podría coincidirse con el ensayo del coro. Como parroquia de la corte de los Habsburgo, aquí se han celebrado numerosas bodas imperiales. (augustinerkirche.augustiner.at)

Time Travel Vienna

MUSEO

6 PLANO P. 44, F3

Un viaje interactivo y multimedia por la historia de Viena con gafas de realidad virtual, figuras de cera animadas de los Habsburgo, salas temáticas y un recorrido en *Fiaker* (carruaje) en 5D. Puede combinarse con el interactivo y vecino Sisi's Amazing Journey, que ofrece un viaje en 5D por la ciudad. (timetravel-vienna.at)

Jüdisches Museum

MUSEO

7 PLANO P. 44, F4

Alojado en el Palais Eskeles, este museo repasa la historia de los judíos en Viena a través de una exposición dividida en dos partes: de 1945 hasta la actualidad y de la Edad Media hasta la Shoah, con diferentes puntos de vista sobre la identidad del pueblo judío, su persecución y el judaísmo hoy en la ciudad.

Destaca la sorprendente colección de arte ceremonial en la planta superior. Las exposiciones temporales abordan cuestiones más polémicas. La entrada combinada con el Museum Judenplatz (p. 67) vale para siete días. (jmw.at)

Burggarten

JARDÍN

8 PLANO P. 44, D6

Oculto tras el Hofburg, el Burggarten es un frondoso oasis encajado entre el ajetreo de Ringstrasse y del Innere Stadt. Su inquilino más famoso es el Mozart de mármol, aunque también hay una estatua de Francisco José de porte militar.

En el lado del Burggarten que da al Innere Stadt está la **Schmetterlinghaus** (casa de las Mariposas) (schmetterlinghaus.at) y el precioso bar y *brasserie* Palmenhaus (p. 41) de estilo *Jugendstil (art nouveau)*. (bundesgaerten.at)

Dónde comer

Bitzinger Würstelstand am Albertinaplatz COMIDA CALLEJERA €

9 PLANO P. 44, F6

Detrás de la Staatsoper, este veterano puesto de salchichas tiene un estatus de culto. Atienden a un variopinto muestrario de damas y caballeros endomingados que acompañan sus salchichas con cerveza, vino o champán Joseph Perrier en las mesas o en la barra climatizada después de los espectáculos. La mostaza puede ser *süss* (dulce) o *scharf* (muy picante). (bitzinger-wien.at)

Gasthaus Reinthaler AUSTRÍACA €€

10 PLANO P. 44, F5

Una de las últimas tabernas típicas (1977) que quedan en el barrio histórico, cerca del Albertina. Taberna y cervecería vienesa con una carta contundente, con clásicos como *Rindsgulasch* y *Wiener Schnitzel*, una reducida oferta vegetariana de tortitas y bolas de masa y un menú diferente cada mediodía. (gasthausreinthaler.at)

Laolao COMIDA CALLEJERA €

11 PLANO P. 44, E2

Pequeña sucursal del restaurante de fideos del distrito 7, con una carta tradicional china. Principalmente es un local de comida para llevar, así que hay poco espacio para sentarse, pero sus empanadillas de carne y verduras y ensaladas de fideos son fabulosas. (laolao.at)

The Guest House Brasserie & Bakery BRASSERIE €€€

12 PLANO P. 44, F5

El elegante comedor y panadería del hotel-*boutique* Guest House aúna recetario austríaco con influencias francesas. Se puede elegir entre desayunar huevos a la benedicta o a la florentina con café de tueste especial, ostras y champán, o una carta de almuerzo y cena que incluye sopas, exquisitos salteados, filetes y *Wiener Schnitzel*. (theguesthouse.at/en/brasserie-bakery)

Dónde beber

Café Leopold Hawelka CAFÉ

13 PLANO P. 44, F3

Inaugurado en 1939 por Leopold y Josefine Hawelka, su hijo Günter y sus nietos Amir y Michael aún hornean la especialidad de la casa, los *Buchteln* (bollos de levadura rellenos de mermelada y espolvoreados con azúcar glasé), según la –secreta– receta familiar, en el pedazo de historia viva de

Los compositores de un vistazo

Los siguientes son solo algunos de los compositores que vivieron y trabajaron en esta ciudad tan musical.

Christoph Willibald Gluck (1714-1787) Dos de sus grandes obras son *Orfeo* (1762) y *Alcestes* (1767).

Wolfgang Amadeus Mozart (1756-1791) Escribió 626 piezas, entre ellas *Las bodas de Fígaro* (1786), *Così fan tutte* (1790) y *La flauta mágica* (1791).

Joseph Haydn (1732-1809) Compuso 108 sinfonías, 68 cuartetos de cuerda, 47 sonatas para piano y unas 20 óperas.

Ludwig van Beethoven (1770-1827) Estudió poco tiempo con Mozart en Viena en 1787 y después regresó a la ciudad a finales de 1792. Entre sus grandes obras están la *Sinfonía nº 9 en re menor*, la *Sinfonía nº 5* y los cuartetos de cuerda.

Franz Schubert (1797-1828) Nacido y criado en Viena, entre sus obras más conocidas están su última sinfonía (la *"Grande" Sinfonía en do mayor*), su *Misa en mi bemol* y su *Sinfonía inacabada*.

Los Strauss y el vals Los primeros maestros del género fueron Johann Strauss padre (1804-1849) y Josef Lanner (1801-1843). Johann Strauss hijo (1825-1899) compuso más de 400 valses, incluido el celebérrimo *El Danubio azul* (1867).

Johannes Brahms (1833-1897) A los 29 años, Brahms se trasladó a Viena, donde muchas de sus obras fueron interpretadas por la Orquesta Filarmónica.

Gustav Mahler (1860-1911) Conocido principalmente por sus nueve sinfonías, sobre todo las nº 1, 5 y 9.

Viena que es este café de tenue iluminación y paredes cubiertas de cuadros.

Por sus mesas han pasado personalidades como Friedensreich Hundertwasser, Elias Canetti, Arthur Miller y Andy Warhol. (hawelka.at)

Demel

CAFETERÍA

14 PLANO P. 44, E3

A unos pasos del Hofburg, en este café, a pesar de su apabullante estilo rococó, lo primero que llama la atención es su pecaminoso mostrador.

Entre sus especialidades están la *Annatorte* (una bomba de nata y

'Annatorte', Demel.

turrón) y la *Fächertorte* (con manzanas, nueces, semillas de amapola y mermelada de ciruelas). Su carta de "platillos", desde huevos a *baguettes*, y la dulce *Kaiserschmarrn* (tortita esponjosa troceada), lo convierten en un lugar encantador para reponer fuerzas. (demel.com)

Café Sacher

CAFÉ

15 PLANO P. 44, G6

Con un batallón de camareros y una atmósfera distinguida, este café tiene fama por su *Sachertorte* (tarta Sacher), el famosísimo pastel de chocolate glaseado con mermelada de albaricoque que en su día hizo las delicias del emperador Francisco José.

Para que la experiencia sea total, se recomienda sentarse en el fastuoso interior con lámparas de araña. También hay una terraza cubierta y, al lado, un salón de té de la década de 1920, el Sacher Eck, todos con la misma carta. (sacher.com)

Loos American Bar

COCTELERÍA

16 PLANO P. 44, G4

En el Innere Stadt, este es el lugar ideal para tomar un cóctel clásico, como su emblemático *dry martini*, preparado por expertos mixólogos. Diseñado por el arquitecto austríaco Adolf Loos en 1908, este diminuto cubículo de 27 m^2 (con aforo para 20 clientes sentados) está engalanado de arriba abajo con ónice, mármol, caoba y latón pulido, con paredes espejadas para que parezca más amplio. (loosbar.at)

Entradas combinadas para museos

Hay muchas opciones dentro del Hofburg y los museos aledaños.

Sisi Ticket (adultos/niños 44/30 €) Incluye los Kaiserappartements y el Museo Sisi, con una audioguía, así como el Schloss Schönbrunn y la Hofmobiliendepot (Colección Imperial de Muebles).

Museos del Neue Burg (adultos/niños 16 €/gratis) Incluye el Welt Museum de los museos del Neue Burg, con acceso a la Sammlung Alter Musikinstrumente (Colección de Instrumentos Musicales Antiguos), y el museo Hofjagd und Rüstkammer (Armas y Armaduras). La entrada a la Haus der Geschichte Österreich (Casa de la Historia Austríaca; adultos/niños 9 €/gratis) incluye el Efhesos Museum.

Entrada anual al Kunsthistorisches Museum Vienna (adultos/menores de 25 años 53/27 €) Incluye el Kunsthistorisches Museum Wien, el Welt Museum con el Sammlung Alter Musikinstrumente y el Hofjagd und Rüstkammer, la Kaiserliche Schatzkammer, el Kaiserliche Wagenburg, el Schloss Ambras Innsbruck y el Theatermuseum.

Schatz der Habsburger (Tesoros de los Habsburgo; adultos/niños 27 €/gratis) Incluye el Kunsthistorisches Museum Wien y la Kaiserliche Schatzkammer.

Masterticket (adultos/niños 30 €/gratis) Incluye el Kunsthistorisches Museum Wien y el Leopold Museum.

Die Kostbarkeiten des Kaisers (Tesoros de los Emperadores; adultos/niños 25 €/gratis) Incluye la Kaiserliche Schatzkammer y los Morgenarbeit (los entrenamientos matinales) en la Escuela Española de Equitación.

Nationalbibliothek Universal-Wochenticket (adultos/niños 19 €/gratis) Incluye la entrada al Globenmuseum, el Esperantomuseum, el Papyrusmuseum de la Nationalbibliothek, la Nationalbibliothek Prunksaal y el Literaturmuseum. Vale para siete días.

Volksgarten ClubDiskothek

CLUB

17 PLANO P. 44, B4

Este local de principios del s. XIX, que se desparrama por los parterres del Volksgarten, tiene tres zonas principales: el *lounge bar* Wintergarten con decoración *retro* de la década de 1950 y palmeras; el Cortic Säulenhalle (salón de las columnas), que acoge conciertos y noches temáticas; y la popularísima ClubDiskothek. Consúltese la programación en la web. (volksgarten.at)

Esterházykeller

BAR DE VINOS

18 PLANO P. 44, E2

En un plácido patio según se sale del Kohlmarkt, esta *Heuriger* (taberna de vinos) tiene una enorme bodega –con sus armas medievales y sus aperos agrícolas– donde se sirve un vino excelente traído directamente de la finca del palacio Esterházy, en Eisenstadt, así como cerveza.

El contiguo **Esterházy Stüberl** (platos principales 10,90-26,90 €) abre de 11.00 a 23.00. (esterhazy keller.at)

Ocio

Salas de conciertos del Hofburg

MÚSICA CLÁSICA

19 PLANO P. 44, D5

Las salas de conciertos del Neue Hofburg, las suntuosas Festsaal y Redoutensaal, suelen programar obras de Strauss y Mozart, con la Orquesta Hofburg y solistas de la Staatsoper y la Volksoper. Los conciertos empiezan a las 20.30; las entradas se venden en línea. Como las butacas no están numeradas, se recomienda llegar pronto para encontrar un buen sitio. (hofburgor chester.at)

Casa de subastas

Aunque es una las mayores casas de subastas de Europa, para los curiosos, la **Dorotheum** (dorotheum.com) viene a ser como un museo, con juguetes y vajillas antiguos, autógrafos, antigüedades y, por encima de todo, muchas pinturas de calidad de los grandes maestros, así como arte moderno. Se puede pujar en sus subastas habituales o pasarse a curiosear sin más.

Österreichisches Filmmuseum

CINE

20 PLANO P. 44, F6

En el Albertina (p. 46), el Museo Austríaco del Cine proyecta películas en versión original, con y sin subtítulos, en ciclos dedicados a un director, grupo de directores o tema determinado cada par de semanas. Las sesiones suelen ser a las 18.00 y 20.30; consúltense otros horarios en la web. (film museum.at)

De compras

J&L Lobmeyr Vienna
MENAJE

21 PLANO P. 44, G5

Es una de las tiendas más lujosas de Viena, con su preciosa escalera de hierro forjado. La colección de piezas Biedermeier, los objetos diseñados por Loos, la cristalería y cerámica fina y artística expuestos resplandecen bajo la luz de las lámparas de araña del atrio. Lobmeyr abrió en 1823, cuando solo abastecía a la corte imperial. (lobmeyr.at)

Augarten Wien
CERÁMICAS

22 PLANO P. 44, G3

La tienda insignia del Augarten vende los adornos, jarrones y vajillas más delicados, con diseños tradicionales pintados a mano. Ofrecen visitas guiadas por la fábrica de porcelana (p. 137). (augarten.at)

Zuckerlwerkstatt
COMIDA Y BEBIDA

23 PLANO P. 44, E3

Este "taller del azúcar" recupera antiguas recetas olvidadas con ingredientes 100% naturales, como azúcar austríaco (extraído de la remolacha azucarera). Sus sedosos caramelos a rayas en forma de almohadas, gominolas, piruletas, bastones y caramelos duros están tentadoramente presentados en tarros de cristal. (zuckerlwerkstatt.at)

Xocolat
CHOCOLATE

24 PLANO P. 44, D1

Tienda especializada en chocolates, pralinés y trufas, todo elaborado a mano, incluidas pequeñas obras de arte comestible. Sus dependencias, en la galería comercial Ferstel Passage, son todo un dechado de elegancia. (xocolat.at)

Julius Meinl am Graben
COMIDA Y BEBIDA

25 PLANO P. 44, F2

Esta prestigiosa tienda vienesa rebosa de alimentos de calidad y exquisiteces *gourmet* de todo el mundo (con más de 17 000 referencias).

Los chocolates y la pastelería dominan la planta baja, y los quesos (aprox. 400 variedades) y embutidos se exponen irresistiblemente arriba. El Meinl's Café Bar tiene vinos y digestivos europeos y austríacos y 35 bebidas de café. (meinlamgraben.eu)

Rozet und Fischmeister
JOYERÍA

26 PLANO P. 44, E3

Fundada en 1770, al frente de esta histórica casa abastecedora de la corte imperial está la sexta generación de la misma familia. Crean delicadas joyas para hombres y mujeres a precios de rey, así como todo tipo de objetos de plata, todo muy tradicional, además de ofrecer servicios de restauración, reparación y grabado. (rozetund fischmeister.at)

J&L Lobmeyr Vienna (p. 54).

Fast Lane
MARS
M A K
MAK DESIGN LAB

Explorar

Centro histórico

El corazón de la capital de Austria palpita en las calles aledañas a su espacio más emblemático, la excelsa catedral gótica de Stephansdom. La parte más antigua de la ciudad, con su maraña de callejuelas adoquinadas y calles elegantes de edificios barrocos pintados en colores pasteles, incluye la medieval judería al noroeste, el tramo de la orilla sur del canal del Danubio y las zonas noreste y este de Stephansplatz.

Lo esencial

- ***Stephansdom (p. 58)*** *Asombrarse con cada detalle de la famosa catedral gótica de Viena.*
- ***Literaturmuseum (p. 66)*** *Conocer a las eminencias literarias de Austria y sus mejores obras.*
- ***Museum Judenplatz (p. 67)*** *Contemplar los vestigios de la sinagoga medieval e instruirse en la historia judía de la ciudad.*
- ***Mozarthaus Vienna (p. 66)*** *Visitar la única casa que queda en la ciudad de Wolfgang Amadeus Mozart, y en la que compuso* Las bodas de Fígaro.
- ***Haus der Musik (p. 66)*** *Dirigir virtualmente una orquesta e involucrarse en otras muestras interactivas en este innovador museo de la música.*

Cómo llegar y desplazarse

U Stephansplatz (U1, U3) y Schwedenplatz (U1, U4), y en menor grado Stubentor (U3), Herrengasse (U3) y Karlsplatz (U1, U2, U4), son las estaciones principales.

Schwedenplatz (1, 2) y Kärntner Ring/Oper (1, 2, D, 71) son las paradas más prácticas.

Plano de la zona en p. 64.

MAK (p. 63). DOROTA SZYMCZYK/SHUTTERSTOCK ©

Las mejores experiencias

Embobarse con la simbólica Stephansdom

Con la ciudad a sus pies, la inmensa y afiligranada obra maestra gótica de la catedral de San Esteban (o Steffl [pequeño Esteban], tal y como se la conoce a nivel local) simboliza a la ciudad como ninguno de sus edificios. De sus maravillas podrían destacarse la espectacular nave principal, con su púlpito gótico de piedra y altar mayor barroco, las Katakomben (catacumbas), las torres y el tesoro del templo.

PLANO P. 64, B4

Catedral de San Esteban

stephanskirche.at

Historia

En este emplazamiento ya había una iglesia en el s. XII, como demuestran la románica **Riesentor** (Puerta Gigante) y las **Heidentürme** (torres de los Paganos) en la entrada y sobre ella. En 1359, por expreso deseo del duque Habsburgo Rodolfo IV, empezó la remodelación gótica de la Stephansdom y el monarca se ganó el epíteto de "El Fundador" al colocar la primera piedra de aquellos trabajos.

La Stephansdom por dentro y por fuera

Desde fuera, lo primero que llama la atención es el magnífico **tejado azulejado,** con su asombrosa hilera de escudos en un extremo y el águila imperial bicéfala en el otro.

Dentro, el magnífico **púlpito de piedra** gótico ocupa el lugar de honor, realizado en 1515 por Anton Pilgrim (cuya imagen aparece tallada en la piedra). El **pasamano del púlpito** luce un laborioso entramado de salamandras y sapos, que simbolizan la batalla del bien contra el mal.

En la punta de la nave central, el barroco **altar mayor,** en mármol negro, muestra la lapidación de san Esteban. El presbiterio de la izquierda acoge el **retablo** alado de la Wiener Neustadt, de 1447; y el de la derecha, la tumba renacentista en mármol rojo de Federico III, a quien hay que agradecer que la ciudad se convirtiera en diócesis (y la iglesia, en catedral) en 1469.

Stephansdom Katakomben

La zona que rodea la catedral fue inicialmente un cementerio, pero con las epidemias de peste y gripe que asolaron Europa en la década de 1730, Carlos VI ordenó cerrarlo y a partir de entonces Viena enterró a sus muertos bajo la catedral, en las catacumbas, donde aún se conservan los restos de incontables ciudadanos, tanto en una fosa común como en un osario.

★ Consejos

- La entrada a la nave lateral (a la izquierda, encarada al altar) es gratis, para hacerse una idea rápida de la catedral.
- La entrada a la nave central es gratis durante la misa. En otros horarios, está abierta al público y puede visitarse con audioguía y circuitos guiados (p. 61).
- Las catacumbas y el ascensor que sube a la torre norte también están cerrados durante la misa (seis diarias entre semana y nueve los domingos).
- La entrada todo incluido (p. 61), permite acceder a todas las atracciones (el tesoro incl.) de esta maravilla gótica.

✕ Una pausa

Ponerse las botas con los *Schnitzels* de la **Figlmüller** (figlmueller.at), una querida *Beisl* (taberna tradicional) vienesa.

También hay cámaras mortuorias de nobles y la cripta ducal imperial, que alberga urnas con los órganos de los Habsburgo. Los Habsburgo no eran enterrados en un solo lugar; sus cuerpos se dividieron en tres partes y se distribuyeron por toda la ciudad. Sus corazones están en la Augustinerkirche del Hofburg, y el resto del cuerpo, en la Kapuzinergruft. Entrada solo con visita guiada.

Torre sur

Dicen que para colocar la primera piedra de la **torre sur** en 1359, Rodolfo IV se sirvió de un pico y una pala de plata. La idea original era construir dos torres, pero la Südturm creció tanto que quedó poco espacio para la segunda; en 1433, la torre alcanzó su tope: 136,4 m.

Hoy se pueden subir los 343 escalones en espiral hasta la pequeña plataforma de la Türmerstube (sala de la torre) para disfrutar de una de las vistas más espectaculares de los tejados del Innere Stadt (centro urbano). Se accede por fuera de la catedral, por Stephansplatz 1.

Pummerin

La **Pummerin,** de 21 toneladas de peso, es la campana más grande de Austria y se instaló en la **torre norte,** de 68,3 m, en 1957. Mientras el resto de la catedral se remodelaba

Stephansdom.

en estilo gótico, la construcción de esta torre quedó interrumpida por la falta de liquidez y por el desinterés creciente por la arquitectura gótica. Se accede desde dentro de la catedral, en ascensor.

Dom y Diözesanmuseum

Al lado de la Stephansdom, los museos **Dom y Diözesanmuseum** (Museo de la Catedral y Museo Diocesano de Viena) (dommuseum.at) esconden todo un tesoro de arte religioso y objetos sagrados que abarcan más de un milenio de historia.

Entre las extraordinarias piezas expuestas destacan el considerado retrato más antiguo de Europa (el del duque Rodolfo IV, del año 1360) y dos recipientes de cristal sirios (1280-1310) que, presumiblemente, se trata de unas de las botellas de cristal más antiguas del mundo.

Circuitos guiados y música

Circuito con audioguía en varios idiomas La opción más socorrida para visitar la catedral. Están disponibles (adultos/niños 6/2,50 €) de 9.00 a 11.30 y de 13.00 a 16.30 de lunes a sábado, y de 13.00 a 16.30 los domingos.

Circuitos guiados en inglés y alemán Explican la historia de la catedral y visitan sus partes más destacadas. Los circuitos de 30 min (adultos/niños 6/2,50 €) salen a las 10.30 de lunes a sábado. En alemán salen cada día a las 15.30.

Visita a las catacumbas Solo se puede acceder a las cámaras funerarias y al osario de la Stephansdom en visita guiada (adultos/niños 6/2,50 €). Hay nueve al día entre 10.00 y 16.30 de lunes a sábado, y seis los domingos, de 13.30 a 16.30.

Entrada todo incluido Este paquete (adultos/niños 20/5 €) permite acceder a todos los rincones de la catedral, incluido el circuito con audioguía por la nave, la visita guiada por las Katakomben y el acceso autoguiado a las torres norte y sur. También incluye la entrada al Tesoro de la Orden Teutónica.

Eventos especiales y misa El portal dommusik-wien.at ofrece el programa de conciertos y eventos especiales, pero la misa dominical de las 10.15 (9.30 durante las vacaciones escolares de julio y agosto) es algo especial, ya que se oficia con el acompañamiento coral al completo. Entradas a la venta en kunstkultur.com.

Circuito a pie

Una vuelta por la monumental Ringstrasse

El Innere Stadt tiene infinidad de cosas que ver, pero recorrer los 5,3 km de su Ringstrasse (circunvalación) devela el suntuoso cinturón arquitectónico que surgió tras la demolición de las murallas medievales. Se podrá tomar café de tercera ola, disfrutar de exposiciones interactivas, ver obras maestras de arte y, con suerte, coincidir con alguna feria del Ayuntamiento.

Datos

Inicio Österreichische Postsparkasse

Final Universität Wien

Duración 4,3 km; 1 h

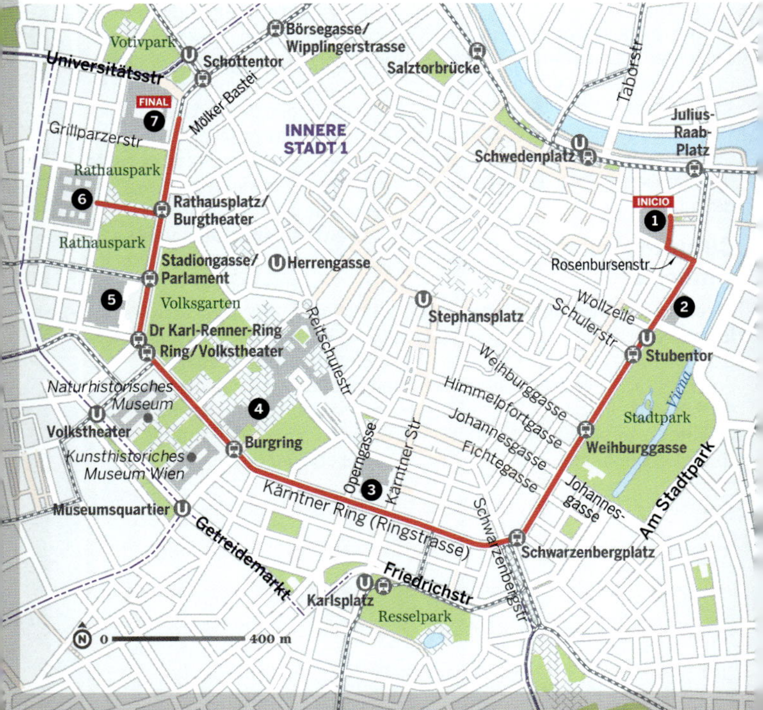

❶ Österreichische Postsparkasse

Ver el funcional vestíbulo de acero y cristal de estilo *Jugendstil (art nouveau)* de la **Österreichische Postsparkasse** (Caja de Ahorros Postal Austríaca), el primer edificio encargado a Otto Wagner y construido entre 1904 y 1912. Algunas de las taquillas originales se han transformado en espacios creativos, como los dispensadores de Café Exchange.

❷ Museo de las Artes Aplicadas

El impresionante edificio de ladrillo rojo con fachada renacentista temprana italiana y atrio con columnas y arcos fue el primer museo de Ringstrasse, construido en 1871 para el **MAK** (Museo de las Artes Aplicadas; p. 126).

❸ Staatsoper

La **Staatsoper** (p. 100) se inauguró en 1869 con la ópera *Don Giovanni* de Mozart y, desde entonces, es un legado de los grandes compositores. El mayor repertorio de música clásica del mundo se interpreta aquí.

❹ Complejo imperial

El **Neue Burg** (p. 43) fue diseñado ex profeso a modo de demostración del poder en primera fila de Ringstrasse. Enfrente se construyó la obra maestra de los complejos museísticos: el **Naturhistorisches Museum** (Museo de Historia Natural; p. 86) en 1889, y dos años más tarde, el **Kunsthistorisches Museum Wien** (Museo de Historia del Arte; p. 76).

❺ Österreichisches Parlament

Con su fachada clásica, el **Parlamento** (parlament.gv.at) austríaco, obra de uno de los más destacados arquitectos de Ringstrasse, Theophil von Hansen, refleja el cambio político, de imperial a republicano, construido entre 1874 y 1883 aún en época monárquica. Ya restaurado, sus exposiciones interactivas y circuitos guiados permiten acercarse a la democracia viva de esta nación.

❻ Rathaus

El **ayuntamiento** (p. 92), de estilo neogótico y con chapiteles, construido entre 1872 y 1883, era representativo del reciente crecimiento de población. Enfrente, en la misma plaza, el distinguido Burgtheater sigue siendo un pilar de la comunidad donde la gente se reúne para disfrutar de ferias gastronómicas, festivales de cine, el famoso mercado navideño y el Desfile del Orgullo de Viena.

❼ Universität Wien

La **Universidad de Viena** (events.univie.ac.at), de estilo renacentista clásico italiano, se inauguró en 1884 y es la sede de la universidad más antigua del mundo en lengua alemana, fundada en 1365. Se puede ver la obra maestra del arquitecto de Ringstrasse, Heinrich von Ferstel, en una visita guiada (inglés y alemán) por la Gran Sala de Actos y la Gran Sala de Lectura.

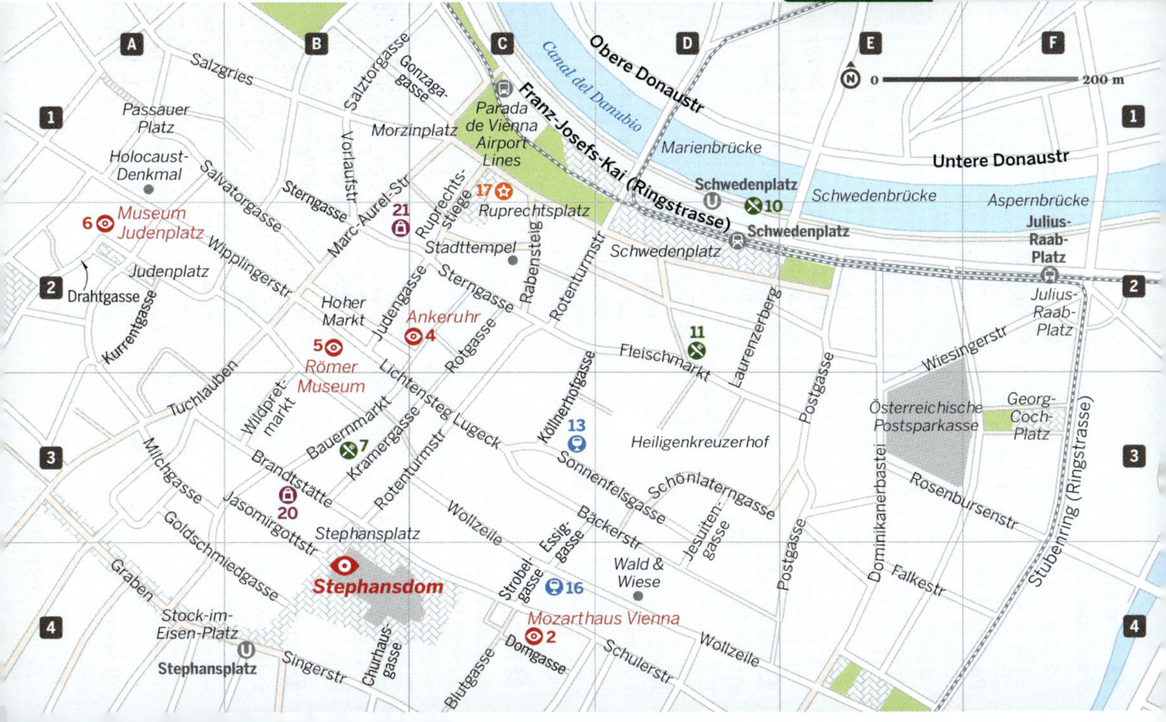
A
B
C
D
E
F
1
2
3
4
0
200 m
Canal del Danubio
Obere Donaustr
Untere Donaustr
Franz-Josefs-Kai (Ringstrasse)
Marienbrücke
Schwedenbrücke
Aspernbrücke
Schwedenplatz
10
Schwedenplatz
Schwedenplatz
Julius-Raab-Platz
Julius-Raab-Platz
Salzgries
Passauer Platz
Holocaust-Denkmal
6 Museum Judenplatz
Judenplatz
Drahtgasse
Kurrentgasse
Salvatorgasse
Wipplingerstr
Sterngasse
Salztorgasse
Gonzaga-gasse
Morzinplatz
Vorlaufstr
Parada de Vienna Airport Lines
Marc-Aurel-Str
21
Ruprechts-stiege
17
Ruprechtsplatz
Stadttempel
Rabensteig
Rotenturmstr
Sterngasse
Hoher Markt
Judengasse
Ankeruhr
4
5
Römer Museum
Tuchlauben
Wildpret-markt
Lichtensteg
Rotgasse
Lugeck
Bauernmarkt
7
Kramergasse
Rotenturmstr
Brandstätte
20
Milchgasse
Jasomirgottstr
Stephansplatz
Goldschmiedgasse
Graben
Stephansdom
Stock-im-Eisen-Platz
Stephansplatz
Singerstr
Churhaus-gasse
Blutgasse
Domgasse
2
Mozarthaus Vienna
Strobel-gasse
16
Essig-gasse
Wollzeile
Kölnerhofgasse
13
Sonnenfelsgasse
Bäckerstr
Wald & Wiese
Schulerstr
Wollzeile
Fleischmarkt
11
Laurenzerberg
Heiligenkreuzerhof
Schönlaterngasse
Jesuiten-gasse
Postgasse
Postgasse
Wiesingerstr
Österreichische Postsparkasse
Georg-Coch-Platz
Dominikanerbastei
Rosenbursenstr
Falkestr
Stubenring (Ringstrasse)

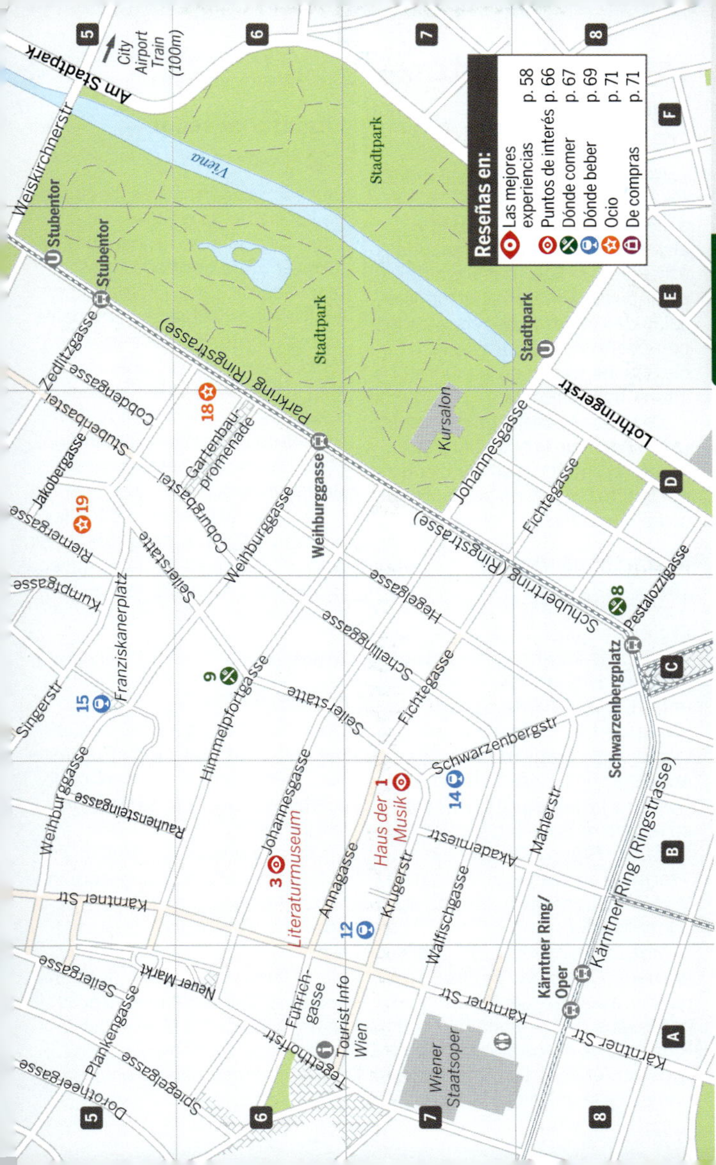
Reseñas en:
Las mejores experiencias p. 58
Puntos de interés p. 66
Dónde comer p. 67
Dónde beber p. 69
Ocio p. 71
De compras p. 71
City Airport Train (100m)
Am Stadtpark
Weiskirchnerstr
Stubentor
Stubentor
Viena
Stadtpark
Stadtpark
Stadtpark
Stadtpark
Kursalon
Zedlitzgasse
Cobdengasse
Stubenbastei
Jakobergasse
Riemergasse
Kumpfgasse
Singerstr
Franziskanerplatz
Seilerstätte
Coburgbastei
Gartenbau-promenade
Parkring (Ringstrasse)
Weihburggasse
Weihburggasse
Weihburggasse
Himmelpfortgasse
Johannesgasse
Johannesgasse
Literaturmuseum
Haus der Musik
Annagasse
Krugerstr
Seilerstätte
Schellinggasse
Hegelgasse
Fichtegasse
Fichtegasse
Schubertring (Ringstrasse)
Lothringerstr
Pestalozzigasse
Schwarzenbergplatz
Schwarzenbergstr
Mahlerstr
Akademiestr
Walfischgasse
Kärntner Ring/ Oper
Kärntner Ring (Ringstrasse)
Kärntner Str
Kärntner Str
Kärntner Str
Rauhensteingasse
Neuer Markt
Seilergasse
Plankengasse
Spiegelgasse
Dorotheergasse
Führich-gasse
Tegetthoffstr
Tourist Info Wien
Wiener Staatsoper
A
B
C
D
E
F
5
6
7
8
1
3
8
9
12
14
15
18
19

Puntos de interés

Haus der Musik

MUSEO

1 PLANO P. 64, B7

En este museo se explica el mundo del sonido y de la música clásica a niños y mayores (en inglés y alemán) de forma multisensorial e interactiva. Sus cuatro plantas abarcan la Wiener Philharmoniker, salas dedicadas a los seis grandes compositores maestros, y la ciencia del sonido en el laboratorio interactivo Sonotopia.

Se empieza abajo, por la escalera melódica de la entrada, y se termina en el último piso ejerciendo de director virtual de la Filarmónica de Viena. (hausdermusik.com)

Mozarthaus Vienna

MUSEO

2 PLANO P. 64, C4

El gran compositor nacido en Salzburgo pasó casi tres años, felices y productivos, en esta residencia entre 1784 y 1787. Se pueden visitar los tres pisos de la casa con la audioguía gratis (de 1 h), que empieza con la llegada del compositor a la ciudad en 1781, repasa su legado musical (en especial *Las bodas de Fígaro,* que escribió aquí) y termina en el apartamento de la 1ª planta donde vivió durante dos años y medio.

Mozart pasó un total de 11 años en Viena. Cambiaba de casa a menudo y, a veces, cuando el dinero escaseaba, se instalaba fuera de Ringstrasse, en los *Vorstädte* (barrios periféricos). La Mozarthaus Vienna es la única de las casas en la que vivió que sigue en pie. (mozarthausvienna.at)

Literaturmuseum

MUSEO

3 PLANO P. 64, B6

De estilo Biedermeier, este edificio de 1844 alberga el Museo de la Literatura de Austria, inaugurado en el 2015. Contiene libros, manuscritos, cartas, fotografías, ilustraciones y objetos personales (como escritorios) de los escritores, dramaturgos y poetas más insignes del país, desde el s. XVIII hasta hoy, entre ellos, Günther Anders, Ingeborg Bachmann, Peter Handke, Robert Menasse, Herta Müller y Hilde Spiel.

También se pueden escuchar las lecturas y citas de las 550 h de grabaciones que guarda el museo. Hay folletos en inglés. (onb.ac.at/museen/literaturmuseum)

Ankeruhr

MONUMENTO

4 PLANO P. 64, C2

Obra maestra *Jugendstil* creada por Franz von Matsch en 1911, este reloj mecánico lleva el nombre de la empresa que lo encargó: Anker Insurance Co.

Durante un período de 12 h, figuras como el emperador romano Marco Aurelio (que murió en Viena en el año 180), Joseph Haydn, el príncipe Eugenio de Saboya y María Teresa I de Austria desfilan por su esfera, señalando la hora en un medidor fijo que muestra los minutos. Al mediodía, todas las figuras marchan al son de la música de órgano.

ANNA LURYE/SHUTTERSTOCK ©

Ankeruhr.

Römer Museum

MUSEO

5 PLANO P. 64, B2

Debajo de Hoher Markt, estas ruinas romanas de los ss. I-V son, de todo lo excavado, las mejor conservadas de Viena. Se cree que fueron parte de los cuarteles de la legión romana en Vindobona. Se pueden ver los muros desmoronados, suelos de mosaico, una pequeña exposición con 150 000 objetos y una película en 3D con subtítulos en inglés. (wienmuseum.at/roemermuseum)

Museum Judenplatz

MUSEO

6 PLANO P. 64, A2

Este museo hace especial hincapié en los vestigios de una sinagoga medieval que antaño hubo en esta plaza, con una película e infinidad de objetos que aclaran la historia de los judíos en Viena.

Se construyó durante la Edad Media, pero "el odio y la malinterpretación" de Alberto V de Austria le llevaron a ordenar su destrucción en 1421. Todavía se puede distinguir el contorno de la sinagoga. Las entradas combinadas del Museum Judenplatz y el Jüdisches Museum (p. 48) valen para hasta siete días. (jmw.at)

Dónde comer

Wrenkh

BISTRÓ **€€**

7 PLANO P. 64, B3

Aunque especializado en platos vegetarianos, como las tortitas de patata con verduras al *miso*, pasta al queso con calabacín a la nuez blanca fermentada y *Schnitzel* de

Los judíos de Viena

Viena ha tenido una relación ambivalente con su población judía, que se estableció en la ciudad por primera vez en 1194.

En 1420, el rey Habsburgo Alberto V inició un pogromo contra ellos, que más adelante regresaron y prosperaron hasta la llegada de los intolerantes Leopoldo I y su esposa, Margarita Teresa. En 1670, los judíos fueron expulsados de la ciudad, pero más tarde se les invitó a volver.

Luego, la comunidad prosperó en condiciones relativamente benignas hasta el 12 de marzo de 1938, cuando los nazis ocuparon Austria. La violencia estalló la noche del 9 de noviembre de 1938 con el Pogromo de Noviembre, cuando se quemaron sinagogas y casas de oración; solo sobrevivió el **Stadttempel** (ikg-wien.at) y fueron arrestados 6500 judíos. De los 180 000 judíos que vivían en Viena antes de la Anschluss (anexión), más de 100 000 lograron escapar antes que se cerraran las fronteras en mayo de 1939. Otros 65 000 murieron en guetos o campos de concentración; el monumento del **Holocaust-Denkmal,** de acero y hormigón, recuerda a los que perecieron. Solo 5000 consiguieron ver su liberación por los aliados en 1945.

La mayoría de los supervivientes se marchó tras la guerra. Hoy viven unos 7000 judíos en la ciudad.

champiñones, también propone maravillosas opciones de pescado.

Desde las 17.00 se puede escoger entre un menú de cuatro o de cinco platos. Entre semana, al mediodía ofrece un menú de dos/tres platos por 14,50/15,50 €. (wrenkh-wien.at)

Meissl & Schadn AUSTRÍACA €€€

8 PLANO P. 64, C8

Restaurante de moda del Grand Hotel Ferdinand donde solo sirven el *Wiener Schnitzel* original, que preparan en una cocina abierta. Se puede elegir la grasa de la fritura (mantequilla, manteca o aceite vegetal) y ver cómo lo aplanan con un mazo. (meisslundschadn.at)

Tian GASTRONÓMICO €€€

9 PLANO P. 64, C6

El restaurante de Christian Holper, estilo *lounge* e iluminado con lámparas de araña, lleva su cocina estrictamente vegetariana a cotas de estrella Michelin trabajando con productos de proximidad, algunos de su propio huerto.

No hay carta, solo menús de seis u ocho platos (también en versión vegana) que podrían incluir sopa de tomate y frambuesas blancas, *risotto* de setas con brotes de abeto y quínoa de almendras verdes con brócoli. Opción de maridaje de vino. Reservas con mucha antelación. (tian-restaurant.com)

Motto am Fluss INTERNACIONAL €€

10 PLANO P. 64, D2

En la terminal de ferris de Wien-City, con vistas al canal del Danubio, este restaurante ofrece cocina austríaca-internacional con materia prima ecológica de primera, desde salmón y ciervo hasta vegetales. Su café del 1er piso sirve fantásticos desayunos todo el día, pasteles y bollería, y su bar es un lugar maravillosamente informal para probar vinos y cervezas austríacos, y cócteles. (mottoamfluss.at)

Griechenbeisl AUSTRÍACA €€

11 PLANO P. 64, D2

Inaugurada en 1447 y más tarde frecuentada por celebridades como Beethoven, Brahms, Schubert y Strauss, esta taberna, el restaurante más antiguo de Viena, tiene comedores abovedados, paneles de madera y un jardín delantero que es una delicia en verano. Cualquier clásico vienés figura en la carta, opciones vegetarianas incluidas. (griechenbeisl.at)

Dónde beber

Kruger's American Bar BAR

12 PLANO P. 64, B7

Con su interiorismo de las décadas de 1920 y 1930, este bar de estilo estadounidense, de iluminación contenida y paneles de madera, es toda una leyenda en la ciudad, con sofás Chesterfield de cuero y música de Frank Sinatra, Dean Martin y demás, y *jazz* contemporáneo. Preparan cócteles clásicos como *highballs*, *fizzes*, daiquiris y Collins, también creativos (p. ej., Pisco Collins, daiquiri de lichis). (krugers.at)

Zwölf Apostelkeller PUB

13 PLANO P. 64, C3

La "bodega de los doce apóstoles", que ocupa un enorme sótano de tres niveles, con poca luz y orígenes románico y gótico, se anima considerablemente a partir de las 19.00 gracias a las tradicionales

Miel vienesa

Unos 65 000 enjambres de abejas y 700 apicultores cultivan miel dentro de los confines de la ciudad, incluso en las azoteas de edificios como el ayuntamiento, la Staatsoper, el Kunsthistorisches Museum Wien, el Secession y en hoteles como el Hotel Daniel y el 25hours Hotel Wien.

El fruto de su labor se vende en la tienda especializada **Wald & Wiese** (waldundwiese.at), además de variantes como bebidas de miel (como hidromiel, ginebra y grapa), velas de cera de abeja, crema de manos, dentífricos y jalea real.

PANTHER MEDIA GMBH/ALAMY STOCK PHOTO ©

Zwölf Apostelkeller.

baladas típicas de las *Heuriger* (taberna de vinos).

Excelentes vinos locales, buena selección de aguardientes y cervezas, y platos tradicionales (*Schnitzel*, lechón, *Tafelspitz*) elaborados con ingredientes de la tierra. (zwoelf-apostelkeller.at)

1516 Brewing Company

MICROCERVECERA

14 PLANO P. 64, B7

Las cubas de cobre y las paredes de ladrillo visto le dan un aire industrial a este apreciado local del barrio, donde elaboran cervezas de malta de trigo, centeno y arroz, con variedades atípicas como la Heidi's Blueberry Ale.

La terraza, con toldo, se llena en verano. Hay que ir pronto cuando hay partidos internacionales de fútbol. (1516brewingcompany.com)

Kleines Café

CAFÉ

15 PLANO P. 64, C5

Diseñado por el arquitecto Hermann Czech en la década de 1970, el Kleines Café disfruta de un ambiente bohemio que traslada a los estimulantes días del *Jugendstil.* Como su nombre indica (*kleine* significa 'pequeño' en alemán), es minúsculo por dentro pero su terraza en una plaza empedrada y con vistas a la barroca Franziskanerkirche es de las mejores del Innere Stadt en verano.

Diglas

CAFÉ

16 PLANO P. 64, C4

Clásico café con bancos corridos de color granate, paredes enmaderadas, fotografías en blanco y negro, techos abovedados, una amplia carta de bebidas calientes y una clientela elegante y respetada. La reputación de sus pasteles lo precede, con un *Apfelstrudel* genial, o sus empanadillas de albaricoque o ciruela de temporada. Música de piano a partir de las 19.00. (diglas.at)

Ocio

Jazzland

MÚSICA EN DIRECTO

17 PLANO P. 64, C1

El club de *jazz* más antiguo de Viena (de 1972) está en una bodega de 500 años, debajo de la Ruprechtskirche. Abarca todos los subgéneros del *jazz* y programa a bandas locales y foráneas.

Aquí han actuado músicos como Ray Brown, Teddy Wilson, Big Joe Williams y Max Kaminsky. No aceptan reservas, así que conviene llegar pronto. (jazzland.at)

Gartenbaukino

CINE

18 PLANO P. 64, D6

Este cine tiene un interior de los años sesenta y sus 736 butacas se llenan durante las proyecciones del **Viennale Film Festival** (viennale.at). Suele programar películas de autor, a menudo en versión original, con subtítulos en alemán. (gartenbaukino.at)

Porgy & Bess

JAZZ

19 PLANO P. 64, D5

Creativo club subterráneo de *jazz* y otras músicas que presenta a talentos de todo el mundo; según lo conocida que sea la estrella, conviene comprar la entrada con antelación. Tiene un aforo para 350 personas, y el público es respetuoso y adulto. (porgy.at)

De compras

Vom Fass

COMIDA Y BEBIDA

20 PLANO P. 64, B3

Entre las especialidades austríacas de esta tienda *gourmet* hay aceite de semillas de calabaza de Estiria, vinagre balsámico de arándanos azules, licores de hierbas del Tirol, licor especiado de nueces de la Alta Austria y sal ahumada de Salzkammergut, así como vinos de todo el país. Su web incluye recetas con sus productos. (vomfass-wien.at)

Shakespeare & Company

LIBROS

21 PLANO P. 64, B2

Maravillosamente desordenada, esta librería cuenta con la mayor y mejor oferta de Viena de libros en inglés, con un amplio abanico de títulos sobre Austria. Información sobre lecturas y eventos en la web. (shakespeare.co.at)

Circuito a pie

Paseo del Brunnenmarkt a Yppenplatz

Los sábados por la mañana son un buen momento para conocer el distrito 16, Ottakring, y disfrutar del mercado callejero más animado y largo de Viena: el Brunnenmarkt. Antaño un remanso olvidado, hoy este barrio inquieto y multicultural gusta mucho a los capitalinos alternativos. Ideal para husmear en sus tiendas independientes, delicatesen y cafés, y descubrir la nueva Viena.

Datos

Inicio Brunnenmarkt

Final Staud's

Duración 300 m; 2 h

Cómo llegar

El mercado callejero más grande de Viena está a 5 min de paseo desde la estación de Josefstädter Strasse de la U6 del *U-Bahn*, o de la parada del tranvía nº 33, Josefstädter Strasse U.

❶ Brunnenmarkt

Un sábado a la vienesa puede empezar con un garbeo por el **Brunnenmarkt,** con sus pilas de telas, ropa, frutas y verduras, especias, café, quesos y carne: hay de todo. La mayoría de los dueños de los puestos son de origen turco o balcánico, y la propia calle Brunnengasse está flanqueada por colmados, cafés y panaderías donde venden genuinas *pide* (*pizza* turca), pan ácimo, *halva* y *baklava*.

❷ Pausa para el 'brunch'

Se podría vivir un año en Viena y almorzar cada sábado en un lugar distinto de Yppenplatz. Los favoritos de siempre son el turco **Kent** (kentrestaurant.at;), con su bonito jardín arbolado, y el moderno **Mani** (mani-wien.at), de Oriente Próximo, por su *shakshuka* y variedad de hummus.

Y como colofón a la pausa está **Eisbazar,** puesto de helados artesanos de sabores orientales como azafrán o *tahini*.

❸ Bauernmarkt

Las delicatesen y tiendas de la arbolada Yppenplatz abren casi a diario, pero la plaza se anima especialmente durante el **Bauernmarkt** de los sábados por la mañana, cuando los granjeros de los alrededores de Viena acuden a vender sus frutas, verduras, carnes, mieles, conservas, vinos y lácteos ecológicos. En verano, la gente invade las terrazas de los cafés y la cháchara y los artistas callejeros, toda la plaza.

❹ La Salvia

La delicatesen **La Salvia** (lasalvia.at) atrae a los sibaritas con sus *antipasti* y fantástica selección de vinos italianos, *prosecco,* aceites y *dolci* (dulces), y especialidades más raras como salami de jabalí. Sus productos se pueden acompañar con unos impecables *cappuccino* o *Aperol spritz* en el bistró-café, o quedarse a comer.

❺ Staud's

Los jóvenes diseñadores y creadores se han instalado en Yppenplatz, cada vez con más tiendas rompedoras y efímeras. **Staud's** (stauds.com), una conocida veterana, es un lugar recomendable para comprar conservas dulces y saladas, que también son maravillosos obsequios.

mumok
Wien

Explorar

Distrito cultural y museístico, y el barrio de Neubau

Entre las grandes atracciones de esta zona se cuentan el Kunsthistorisches Museum Wien, lleno de obras de los grandes maestros, los museos y espacios escénicos del MuseumsQuartier, y el Burgtheater, donde se vivieron estrenos mundiales de Mozart y Beethoven. Por su parte, Neubau es una inagotable incubadora de diseñadores de moda y artistas.

Lo esencial

- ***Kunsthistorisches Museum Wien (p. 76)*** *Descubrir una vorágine de tesoros, desde tumbas egipcias hasta obras maestras del mundo del arte.*
- ***Naturhistorisches Museum (p. 86)*** *Toparse con dinosaurios y objetos extraterrestres.*
- ***MuseumsQuartier (p. 82)*** *Visitar este enorme conjunto de museos, cafés, restaurantes y bares.*
- ***Rathaus (p. 92)*** *Disfrutar de la riqueza neogótica del ayuntamiento de Viena en un circuito guiado gratis.*
- ***Burgtheater (p. 92)*** *Hacer un circuito entre bastidores por este magnífico teatro.*

Cómo llegar y desplazarse

U Entre las prácticas estaciones del *U-Bahn* están Museumsquartier (línea U2) y Volkstheater (U2 y U3). Neubaugasse y Zieglergasse de la U3, y Burggasse Stadthalle y Thaliastrasse de la U6 para ir a Neubau.

Los tranvías D, 1 y 71 recorren Ringstrasse. La línea 49 circula desde Ring/Volkstheater para atravesar Neubau.

Plano de la zona en p. 90.

MuseumsQuartier (p. 82). RADU BERCAN/SHUTTERSTOCK ©

Las mejores experiencias

Curiosear entre los fondos imperiales del Kunsthistorisches Museum Wien

Los Habsburgo construyeron muchos palacios fastuosos, pero, artísticamente hablando, su obra magna es este museo que ocupa un edificio neoclásico tan suntuoso como el arte que contiene e invita a viajar en el tiempo, desde la Roma clásica a Egipto y el Renacimiento. De ir con prisas, se aconseja centrarse en las obras de los grandes maestros de la Pinacoteca.

PLANO P. 90, G4

KHM, Museo de la Historia del Arte

khm.at

Entrada principal

Al subir por la ornamentada escalera principal, no se puede quitar ojo de los círculos concéntricos de la cúpula, para luego dirigir la mirada hacia las columnas de mármol que conducen hacia bóvedas decoradas con frescos, leones rugientes y la imponente composición *Teseo derrota al centauro* (1805), escultura de Antonio Canova. Legendarios artistas austríacos como Hans Makart y los hermanos Klimt dejaron su impronta entre las columnas y sobre los arcos: el primero con pinturas en los lunetos, y los segundos, con mujeres bañadas en oro inspiradas en el arte grecorromano y egipcio.

Pinacoteca

La extensa Gemäldegalerie (Pinacoteca) es, con diferencia, lo más impresionante del museo, un festín de grandes maestros al que merece dedicar 1-2 h. Durante las exposiciones especiales se cambian los lienzos de galería, así es que, de estar interesado en algo en concreto, se puede preguntar en el mostrador de información.

Pintura neerlandesa, flamenca y alemana
En primer lugar, está el **Renacimiento alemán,** que incluye a Lucas Cranach el Viejo y su cautivador cuadro del Génesis, *Paraíso* (1530), aunque su principal atracción es la valiosa colección de Durero, cuyas formidables composiciones, sofisticado empleo de la luz y profundo sentimiento con el que retrataba a sus modelos brillan en obras maestras como *Retrato de una joven veneciana* (1505), la piadosa *Adoración de la Trinidad* (1511) y la macabra *El martirio de los diez mil cristianos* (1508).

A continuación, Rubens sumerge al visitante en el **barroco flamenco,** con obras ricas en temas de la Contrarreforma y el simbolismo mitológico. La monumental *Los milagros de San Francisco Javier* (1617), que estuvo colgada en la iglesia jesuita de Amberes, la celestial *La*

★ Consejos

- Comprar las entradas en línea para evitar tener que hacer cola.
- Tomar una audioguía y un plano en la entrada.
- Ir planta por planta, de abajo a arriba.
- Aprovechar las 3 h extras que abren los jueves (18.00-21.00), con menos gente.
- Las visitas guiadas de 1 h en inglés son los domingos y ponen el foco en lo más destacado de una colección.

Una pausa

La **Amerlingbeisl** (amerlingbeisl.at), en Spittelberg, es un bistró-*pub* con un bonito patio emparrado y cocina austríaca de temporada.

El **Biosk** (instagram.com/bioskvienna), en el MuseumsQuartier, tienta con su crujiente *pizza pinsa* romana, vinos locales y ricos helados.

Anunciación (1610), *Los milagros de San Ignacio* (1615-1520) y el *Tríptico de San Ildefonso* (1630) revelan la naturaleza iridiscente y la claridad de la línea de Rubens.

Las obras maestras de temática mitológica van de la sanguinolenta *La cabeza de Medusa* (1617), infestada de serpientes, a la alborozada celebración del amor en *La fiesta de Venus* (1636).

El deseo por plasmar fielmente la realidad a través de la atención al detalle y del claroscuro compositivo se plasma claramente en obras emblemáticas del **Siglo de Oro neerlandés** (ss. XVI y XVII) como el perspicuo *Autorretrato* (1652) de Rembrandt, que muestra al pintor con un humilde guardapolvo; la tangible visión de la naturaleza de Ruisdael en *El gran bosque* (1655); y el seductoramente alegórico *El arte de la pintura* (1666) de Vermeer, que muestra a Clío, la musa griega de la historia, bajo la luz difusa del estudio de un artista.

Entre las obras más sentidas y pías del maestro del barroco flamenco **Van Dyck** están *La visión del beato Hermann Joseph* (1630), en el Kabinett 23, en el que la Virgen y un monje arrodillado están bañados por una luz radiante, y *Virgen y el Niño con los santos Rosalía, Pedro y Pablo* (1629) en la sala XIV.

La sala X acoge las expresivas representaciones de la vida y paisajes del pintor flamenco renacentista **Pieter Brueghel el Viejo,** y su bíblica atracción estelar, *La torre de Babel* (1563).

Pintura italiana, española y francesa

Las tres primeras salas están dedicadas a los exponentes clave de la **escuela veneciana del s. XVI:** Tiziano, Veronese y Tintoretto. Hay que ver *Ninfa y pastor* (1570) de Tiziano, que eleva lo bucólico a un nivel mitológico al retratar el deseo inútil del pastor que toca la flauta por la preciosa doncella que está fuera de su alcance. La dramática imagen de Veronese de la heroína suicida romana *Lucrecia* (1583) clavándose una daga en el pecho, y *Susana y los viejos* (1556) de Tintoretto, observada por dos lascivos potentados, son preciosas también.

La devoción prevalece en la *Virgen del prado* (1506) de Rafael en la sala III, una obra maestra del **Alto Renacimiento,** al igual que la *Virgen del rosario* (1607), un conmovedor retablo de la Contrarreforma del artista **barroco italiano** Caravaggio en la sala VI.

Tampoco hay que perderse el Kabinett 8, con obras arrebatadoras como los lienzos antropomórficos de Giuseppe Arcimboldo inspirados en las estaciones y los elementos, como *Verano* (1563), con sus muchas frutas, *Invierno* (1563) y *Fuego* (1566). Repárese igualmente en *Schönbrunn* (1761) del paisajista veneciano Canaletto, que captura hasta el último detalle del palacio en su mejor momento.

De las salas centradas en la pintura **española, francesa e inglesa,** el nombre indiscutible es Velázquez. Especialmente deslumbrante es su

Kunsthistoriches Museum Wien

Primera planta: Gemäldegalerie (Pinacoteca)

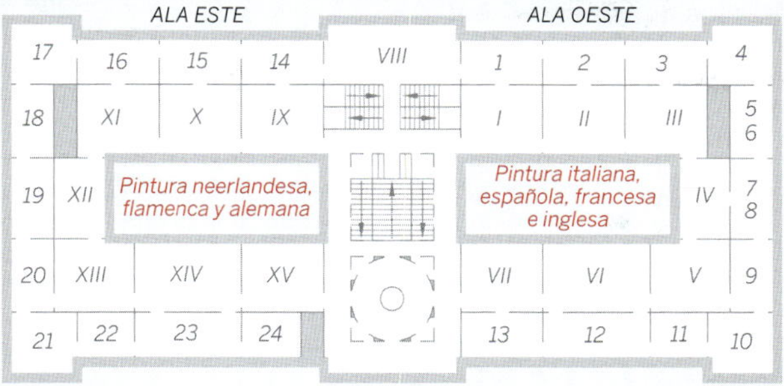

Planta baja

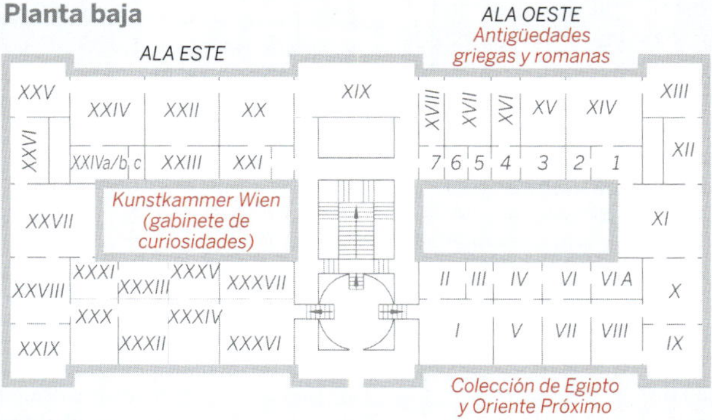

retrato casi tridimensional de *La infanta Margarita Teresa con vestido azul* (1659), en el Kabinett 10, que combina los volúmenes de la seda con la inocencia de una niña de 8 años. El *Retrato de una joven dama* (c. 1760-1765) del veneciano Jacopo Robusti Tintoretto está en la sala V, y el lienzo *Princesa Maria Isabella de Parma* (1758) del pintor francés Jean-Marc Nattier el Joven, en la sala VII.

Kunstkammer

Qué podría comprar el viajero con las arcas llenas y el mundo en sus manos. Pues eso es lo que hicieron los Habsburgo, llenar su *Kunstkammer* (gabinete de curiosidades) con una inacabable colección de objetos insólitos y valiosos, desde tazas de cuerno de narval hasta soportes de mesa con incrustaciones de dientes de tiburón fosilizados. Sus 20 salas temáticas y 2200 piezas abren una fascinante ventana a la obsesión por coleccionar caprichos en los círculos reales durante el Renacimiento y el barroco.

Destaca el alegórico *Saliera* (salero) de Benvenuto Cellini en la sala XXIX, encargado por Francisco I de Francia en 1540 y elaborado a mano con oro laminado, marfil y esmalte. Otros reclamos son *Furia* (Maestro de las furias), la expresiva estatuilla de marfil de principios del s. XVII; la *Krumauer Madonna* (1400), una escultura de serena belleza de estilo gótico bohemio; y el *Dragón fuente* (1570) de Gasparo Miseroni, una bestia de intenso lapislázuli con relucientes gemas incrustadas.

Colección de Egipto y Oriente Próximo

Los misterios de las civilizaciones egipcias se suceden mientras se da un paseo cronológico por esta Guiza en miniatura de la planta baja, empezando por los tesoros **predinásticos** y del **Imperio Antiguo.** Aquí la extraordinariamente bien conservada **mastaba de Kaninisut** detalla, con relieves y jeroglíficos, la vida de un oficial de alto rango de la 5ª Dinastía. La debilidad de los egipcios por acicalarse queda demostrada con objetos como el estuche en forma de mono para el kohl y la paleta pisciforme para maquillaje.

Estelas, losas de altares sacrificiales, joyeros, bustos de esfinges y estatuas de faraones reviven el **Imperio Medio** y el **Imperio Nuevo.** El talento artesanal brilla en piezas como la simbólica figurita del Hipopótamo azul (2000 a.C.) y el sello de oro de Ramsés X (1120 a.C.).

El **Periodo Tardío** sumerge en la tierra de los faraones cuando el poder se trasladó de Egipto a Persia. Repárese en el *Libro de los muertos de Khonsumes,* de 3000 años, en la cubierta policroma de la momia de Nespautitaui y en los vasos canopos con tapas en forma de cabeza de mono, halcón y chacal.

Los sarcófagos de piedra, las máscaras de oro de las momias y los bustos de sacerdotes y príncipes transportan a las épocas **ptolemaica** y **grecorromana.** De **Oriente Próximo,** el gran reclamo es la representación de un león al acecho de la triunfal puerta babilónica de Ishtar (604-562 a.C.).

Antigüedades griegas y romanas

Un rico depósito desvela el alcance imperial por coleccionar piezas clásicas, en concreto hasta 2500 que abarcan tres milenios, desde la Edad del Bronce chipriota hasta la alta Edad Media.

El **arte chipriota y micénico** retrocede 3500 años hasta los inicios de la civilización occidental. Aquí el gran reclamo es la exquisita estatua votiva de un hombre con su túnica plisada. Entre las musas, torsos y estatuillas mitológicas de la sección de **arte griego** hay un fragmento del friso norte del Partenón que muestra a dos hombres barbudos.

El arte floreció en el periodo **helenístico,** como prueba el relieve del *Sarcófago de las amazonas*, con unas guerreras tan vívidas que casi se las oye gritar en la batalla.

De la **Italia prerromana,** cabe destacar las esculturas de Atenea, las coronas funerarias laboriosamente forjadas en oro y un bajorrelieve de los titanes luchando contra los dioses.

El considerable arcón **romano** incluye el mosaico de Teseo del s. IV de Salzburgo, una maravilla policroma geométrica que ilustra la leyenda de Teseo.

Luego está el cautivador relieve *La caza del león* del s. III y el *Gemma Augustea* del s. I, un enorme camafeo en bajorrelieve de sardónice. De la Alta Edad Media, destacan las relucientes vajillas de oro del **Tesoro de Nagyszentmiklós,** excavado en 1799 en la actual Rumanía.

Colección numismática

Cual hucha gigantesca, esta colección de monedas ocupa tres salas en el 2º piso (salas I, II y III) y abarca tres milenios. Los 2000 billetes, monedas y medallones expuestos son solo una muestra de la colección de 700 000 piezas del museo.

La primera sala presenta medallas de honor, usadas por primera vez en la Italia renacentista del año 1400, y exhibe maravillas de oro y plata de los Habsburgo.

La segunda sala viaja en el tiempo desde el nacimiento de la moneda en Lidia en el s. VII a.C. hasta el s. XX. Conviene fijarse en las monedas clásicas, como el estátero con una cabeza de león, que circulaba durante el reinado de Aiates, rey de Lidia (610-560 a.C.), y las monedas atenienses con la imagen de la diosa Atenea y de su símbolo de la lechuza. La tercera sala se reserva a exposiciones temporales.

Las mejores experiencias

Testar la cultura vienesa en el MuseumsQuartier

El patrimonio barroco y las vanguardias se dan la mano en el MuseumsQuartier, uno de los espacios culturales más ambiciosos del mundo. Este conjunto de museos, cafés, restaurantes, tiendas, bares y escenarios abarca 90 000 m² y ocupa los antiguos establos imperiales diseñados por Fischer von Erlach en 1725. Como no se podrá ver todo en un día, lo mejor es establecer preferencias.

PLANO P. 90, G4

MuseumsQuartier; MQ

mqw.at

Leopold Museum

El **Leopold Museum** (leopoldmuseum.org) debe su nombre a Rudolf Leopold, un oftalmólogo vienés que, tras la compra de su primer Egon Schiele (1890-1918) por cuatro chavos cuando era estudiante en 1950, siguió hasta amasar una gran colección (5266 pinturas) de arte austríaco, principalmente del s. XIX y moderno. En 1994 la vendió al Gobierno austríaco por 160 millones de euros (por piezas valorada en 574 millones), origen del Leopold Museum. El **Café Leopold** (cafeleopold.wien) está en el último piso, y en la azotea, la terraza acristalada **MQ Libelle** (mqw.at/ihr-besuch/mq-libelle) (entrada gratis), con vistas al complejo museístico hacia el Hofburg.

El Leopold tiene un exterior blanco de piedra caliza, un espacio abierto (el atrio acristalado de 21 m es una maravilla) y luz natural en casi todas las salas. El amor de Rudolf por Schiele desembocó en la mayor colección del mundo de obras del pintor: 41 pinturas y 188 dibujos y obra gráfica. Destacan el fantasmagórico *Self-Seer II (Hombre y muerte)* de 1911, el lúgubre *Madre con dos niños* (1915) y el cazados in fraganti *Cardenal y monja (Caricia)* de 1912.

Otros artistas presentes son Albin Egger-Lienz, con sus implacables representaciones de la vida campesina, Richard Gerstl y, el tercer grande del expresionismo austríaco, Oskar Kokoschka. De las obras expuestas de Klimt, cabe destacar la alegórica *Muerte y vida* (1910), una masa de personas entrelazadas yuxtapuesta a una esquelética Parca. Otros pintores bien representados son Adolf Loos, Josef Hoffmann y Otto Wagner.

mumok

El oscuro edificio de basalto y afiladas esquinas del **mumok** (mumok.at) contrasta con el envoltorio historicista del MQ. Por dentro, el mumok atesora la mejor colección de arte de los ss. XX y XXI de Viena, con obras que remueven, hacen pensar y desafían las percepciones.

★ Consejos

- De querer visitar varios museos, se venden entradas combinadas en el **MQ Point** (mqw.at).
- El **MQ Fab 5 Ticket** (32 €) incluye la entrada al Leopold Museum, el mumok, el Architekturzentrum Wien, la Kunsthalle Wien, la MQ Freiraum y el designforum Wien, con descuentos para el Zoom y los espectáculos del Tanzquartier Wien.
- El **Duo Ticket** (26 €) permite visitar el Leopold Museum y el mumok a precio reducido.

Una pausa

Tanto el café/bar más plácido del MuseumsQuartier, la **Kantine** (mq-kantine.at), como el café/restaurante **Halle** (diehalle.at), justo enfrente, tienen terraza.

Repasa los estilos moderno clásico expresionista, pop experimental y arte conceptual de las vanguardias de las décadas de 1960 y 1970, la manifestación radical de lo prohibido y lo trágico en el accionismo vienés del s. xx, y la evolución contemporánea basada en la realidad, y provocadora desde el punto de vista institucional, representados en 10 000 obras que rotan por temas. El conjunto de obras cinematográficas y fotográficas adquiridas por el museo amplía la colección.

El accionismo vienés evolucionó en la década de 1960 para distanciarse radicalmente del arte convencional, porque algunos de sus integrantes consideraban que vivían en un clima cultural y político represivo. Artistas como Günter Brus, Hermann Nitsch y Rudolf Schwarzkogler pretendían escandalizar con sus violentas *performances* y *action art*, donde a menudo utilizaban el cuerpo humano como lienzo. Y lo consiguieron; algunos incluso fueron encarcelados por atentar contra la decencia.

Hay otros artistas representados en el museo (Pablo Picasso, Paul Klee, René Magritte, Max Ernst, Alberto Giacometti, Dorit Margreiter e Yto Barrada) pero, en comparación, resultan muy dóciles. Consúltese la programación antes para saber si la exposición es apta para niños.

Kunsthalle Wien

El **Kunsthalle** (kunsthallewien.at) es un conjunto de salas de arte contemporáneo local e internacional, habitualmente de temática sociopolítica. Sus techos altos, planta abierta y funcionalidad lo han llevado a consolidarse como uno de

Complejo del MuseumsQuartier

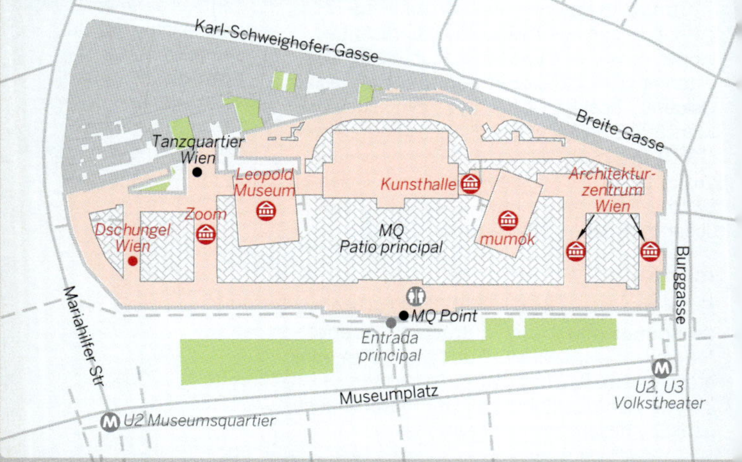

los mejores espacios expositivos de Europa.

Las muestras, que duran de tres a seis meses, son generalmente de fotografía, vídeo, cine, instalaciones y nuevos medios. En línea se puede consultar el programa y sobre las visitas guiadas (que suelen ser en alemán, pero si hay suficientes participantes, se pueden solicitar en inglés).

Architekturzentrum Wien

La exposición "Hot Questions – Cold Storage" del **Architekturzentrum Wien** (azw.at) desentraña el diseño multiestructural de Viena. La sala multicolor y de factura industrial suele albergar exposiciones de temática social que muestran bocetos, maquetas, vídeos e imágenes del urbanismo de la ciudad y la arquitectura austríaca de los ss. XX y XXI, desde lo revolucionario a lo no realizado. Una segunda sala que acoge exposiciones especiales.

Zoom

A los críos les encanta este práctico **museo de los niños** (kindermuseum.at), una sesión de artes y artesanías de lo más lúdica. Los 'picassos' en ciernes podrán romper, dibujar, explorar y crear en el "Atelier". En la "Exhibition" se presenta una exposición cada seis meses, mientras la "Ocean" hace las delicias de los infantes con sus túneles de espejos, grutas y la cubierta de un barco donde jugar y, de paso, estimular la coordinación. Para niños de 8 a 14 años, hay un estudio de cine de animación y el Lab Club, con miras al futuro. Más información en la web. Las actividades duran 1-1½ h; reservas en la taquilla o en línea.

Teatro de los niños

El **Dschungel Wien** (dschungelwien.at) cubre artes escénicas de todo tipo: marionetas, música, danza, teatro narrativo, etc., con varias funciones al día en alemán y, a veces, en inglés; más información en la web. En los espectáculos familiares, los adultos pagan lo mismo que los niños.

Patios del MuseumsQuartier

Los patios del MuseumsQuartier acogen un programa de eventos en invierno y verano, de festivales de cine a mercados navideños, lecturas literarias y noches con DJ; más información en mqw.at. En verano, las terrazas de los cafés están muy animadas, y la gente se tumba en las geométricas tumbonas Enzi.

Danza

El **Tanzquartier Wien** (tqw.at) es la gran institución de la danza en Viena, con un amplio cartel de espectáculos locales e internacionales, preferentemente experimentales. Los estudiantes tienen 10 € de descuento si sacan la entrada con antelación. Las entradas sin vender (5 o 10 €) se ponen a la venta 30 min antes del inicio del espectáculo.

Las mejores experiencias

Retroceder en el tiempo en el Naturhistorisches Museum

El asombroso Naturhistorisches Museum repasa 4000 millones de años de historia natural en un abrir y cerrar de ojos. Con sus maravillosas salas estucadas y su llamativa cúpula, este edificio de finales del s. XIX es el gemelo del Kunsthistorisches Museum Wien, que está enfrente. Entre sus minerales, fósiles y huesos de dinosaurio hay piezas arqueológicas únicas.

PLANO P. 90, G3

Museo de Historia Natural

nhm-wien.ac.at

Planta baja: meteoritos, dinosaurios y hallazgos prehistóricos

La planta baja atesora minerales, fósiles y piedras preciosas, como el deslumbrante **Blumenstrauss,** el ramo de gemas que María Teresa regaló al emperador Francisco I en 1760.

La sala 5 ofrece la mayor **colección de meteoritos** del mundo: 1100 piezas entre las que destacan los marcianos Chassigny, que cayó en Francia en 1815, y Tissint, en Marruecos en el 2011, además de un fragmento lunar encontrado en Mauritania en el 2011.

Los aficionados a los **dinosaurios** no pueden perderse la sala 10, con los esqueletos de un diplodocus, un iguanodonte y una réplica animada de 6 m de longitud de un allosaurus. También está el esqueleto de un *Archelon ischyros,* la mayor tortuga conocida. Las salas 11-13 pormenorizan la **Prehistoria** con objetos y curiosidades, como el pelaje de un mamut lanudo, herramientas neandertales y la figurita paleolítica *Venus de Willendorf* de 29 500 años.

En las salas 14 y 15, la **colección antropológica** retrata vívidamente la evolución de los homínidos y temas como la bipedestación y el desarrollo del cerebro en seis estaciones interactivas. La sala 16 tiene un **planetario** digital de 62 butacas y una cúpula de 8,5 m. Sus películas de 45 min abarcan desde *The Earth to the Universe* o *Live to the Stars: Journey Through the Night.*

Primer piso: zoología

La 1ª planta es el sueño de un taxidermista. Enfocada en la zoología y la entomología, la colección culebrea, traquetea, repta, nada y se balancea con especies comunes, amenazadas y extintas, de organismos unicelulares a grandes mamíferos. Algunos hitos: una almeja gigante de 1,4 m de ancho (sala 23), una tortuga gigante de las Galápagos (sala 28), perezosos de dos dedos descubiertos en 1831 en Brasil (sala 33) y un esqueleto de rorcual común (sala 34).

★ Consejos

- Los **circuitos panorámicos** llevan a la azotea del edificio para ver más de cerca la arquitectura ornamental del edificio; los circuitos en inglés salen los viernes, sábados y domingos a las 15.00; no se permite el acceso a menores de 12 años.
- Quien tenga ganas de vivir una experiencia a lo *Noche en el museo,* puede pasar la noche en el museo con **Nacht im Museum** (adultos/niños 200/100 €), que incluye un circuito con linterna. Los niños deber ir acompañados por un adulto. Hay que llevar saco de dormir. Fechas y reservas en la web del museo o en su tienda.

Una pausa

Se puede vivir una experiencia cafetera muy vienesa en el clásico **Café Central** (cafecentral.wien), en su día punto de encuentro de poetas, filósofos y revolucionarios. La cola está garantizada.

Circuito a pie

La oferta de diseño de Neubau

El lugar definitivo para descubrir la emergente oferta de la moda y del diseño de Viena es el inquieto distrito 7, Neubau, un importante centro creativo donde se suele ver a los artesanos en pleno ajetreo. Este itinerario pasa por boutiques que venden creaciones de los diseñadores más interesantes de la ciudad, así como por cafés modernos.

Datos

Inicio Das Möbel

Final Elke Freytag

Duración 1,9 km; 1-2 h

❶ Das Möbel

Das Cafe (das-cafe.wien) es una cafetería moderna con muebles de fabricación local.

❷ Die Werkbank

En la cooperativa de diseño **Die Werkbank** (werkbank.cc) –"La mesa de trabajo"– los diseñadores vieneses presentan sus obras.

❸ Galerie Holzer

En la **Galerie Holzer** (galerieholzer.at) se podrán ver muebles, ornamentos, iluminación y arte de primera.

❹ Schmuckladen

Ilga Zemann crea imaginativas joyas en el taller **Schmuckladen** (schmuckladen.org).

❺ Ina Kent

Ina Kent (inakent.com) idea y vende discretos bolsos de piel: de mano, *tote bags* y de asa.

❻ Schauraum

Schauraum (schauraum.at) apuesta por las artes aplicadas atípicas: vajillas, accesorios y moda.

❼ Kitsch Bitch Sight Store

La vanguardista *boutique* **Kitsch Bitch Sight Store** (kbsstore.at) promueve marcas austríacas modernas y emergentes.

❽ Wiener Konfektion

Wiener Konfektion (wiener-konfektion.at) ofrece ropa informal de mujer hecha *in situ* a mano.

❾ Park

En un espacio blanco y diáfano de 480 m^2, **Park** (park-onlinestore.com) vende prendas vanguardistas, revistas, complementos y muebles.

❿ Elke Freytag

Vestidos ajustados, trajes de dos piezas y bañadores de la diseñadora **Elke Freytag** (elkefreytag.com).

Reseñas en:
Las mejores experiencias p. 76
Puntos de interés p. 92
Dónde comer p. 92
Dónde beber p. 94
Ocio p. 96
De compras p. 97
A
B
C
D
1
2
3
4
5
6
Florianigasse
Schönborngasse
Lederergasse
Jodok-Fink-Platz
Josefstädter Str
Lerchengasse
Pfeilgasse
Stolzenthalergasse
Strozzigasse
Piaristengasse
Neudeggergasse
LerchenfelderStr
Schottenfeldgasse
Lerchenfelder Str
Strozzigasse
Neustiftgasse
Halbgasse
Kaiserstr
Zieglergasse
Myrthengasse
Neubaugasse
Kirchengasse
22
23
17
Burggasse
12
18
Stuckgasse
Kandlgasse
Siebensterngasse
Westbahnstrasse/ Zieglergasse
Westbahnstrasse/ Neubaugasse
Westbahnstr
Westbahnstrasse/ Kaiserstrasse
Shottenfeldgasse
Bandgasse
Hermanngasse
Zollergasse
13
10
14
5
Lindengasse
Andreasgasse
Richtergasse
Hofmobiliendepot
3
Stollgasse
8
Neubaugasse

E
F
G
H
1
2
3
4
5
6
Friedrich-Schmidt-Platz
Rathaus
1
Rathaus
Oficina de información del ayuntamiento
Rathausplatz Christkindlmarkt
Rathausplatz
Rathauspark
Universitätsring (Ringstrasse)
11
Rathausplatz/ Burgtheater
2 Burgtheater
9
Bankgasse
Löwelstr
Landesgerichtstr
Buchfeldgasse
Lenaugasse
Reichsratstr
Stadiongasse
Josefstädter Str
20
Josefsgasse
Doblhoffgasse
Österreichisches Parlament
Stadiongasse/ Parlament
Volksgarten
Auerspergstr
Lange Gasse
Trautsongasse
Dr Karl-Renner-Ring
Ring/Volkstheater
Heldenplatz
Lerchenfelder Str
Schmerlingplatz
Museumstr
Mechitaristengasse
Volksgartenstr
Bellariastr
Burgring (Ringstrasse)
Naturhistorisches Museum
Maria-Theresien-Platz
Neustiftgasse
19
Volkstheater
Schrankgasse
Volkstheater
NEUBAU
Burggasse
21
4
Sigmundsgasse
Stiftgasse
Spittelberggasse
Kirchberggasse
Breite Gasse
Kantine
7
Halle
MuseumsQuartier
Museumsplatz
Burgring
Kunsthistorisches Museum Wien
24
Amerlingbeisl
Siebensterngasse
Karl-Schweighofer-Gasse
16
Museumsquartier
Biosk
Nibelungengasse
Getreidemarkt
15
6
Lindengasse
Kirchengasse
Rahlgasse
Theobaldgasse
Gumpendorfer Str
Lehárgasse
Mariahilfer Str
Raimundhof
0
400 m

Puntos de interés

Rathaus

EDIFICIO HISTÓRICO

1 PLANO P. 90, F1

Friedrich von Schmidt (el arquitecto de la catedral de Colonia) terminó el ayuntamiento neogótico de Viena en 1883, para el que se inspiró en las casas consistoriales flamencas. Es la sensación del conjunto arquitectónico decimonónico de Ringstrasse, con su elaborada factura en piedra, ventanas ojivales y estilizados torreones. En el **Rathauspark,** lleno de fuentes, destacan las estatuas de bronce de Joseph Lanner y de Johann Strauss padre.

Se ofrecen circuitos guiados gratis de 1 h los lunes, miércoles y viernes a las 13.00, solo en alemán; las audioguías (varios idiomas) son gratis. (wien.gv.at)

Burgtheater

TEATRO

2 PLANO P. 90, G1

Este rotundo teatro de estilo renacentista de Ringstrasse fue diseñado por Gottfried Semper y Karl von Hasenauer y completado en 1888, y se restauró en 1955 para recuperar su esplendor anterior a la II Guerra Mundial. La compañía residente se remonta a 1741, lo que la convierte en la segunda más antigua de Europa. Si las paredes hablaran, contarían grandes hitos como los estrenos mundiales de *Las bodas de Fígaro* (1786) de Mozart y de la *Primera sinfonía* (1800) de Beethoven. Se ofrecen visitas guiadas entre bastidores. (burgtheater.at)

Hofmobiliendepot

MUSEO

3 PLANO P. 90, C6

Aquí los Habsburgo guardaron los muebles que ya no cabían en el Hofburg, el Schloss Schönbrunn, el Schloss Belvedere y demás palacios.

Visitar las cuatro plantas de regio desván, que contiene 165 000 objetos, descubre maravillas como los tronos imperiales de viaje, el ataúd del emperador Maximiliano y la cama neorrenacentista de la emperatriz Isabel, procedente del Palacio Real de Gödöllő (Hungría).

Es uno de los museos más infravalorados de Viena y está incluido en el Sisi Ticket (p. 52). (hofmobiliendepot.at)

Dónde comer

Tian Bistro

VEGETARIANA €€

4 PLANO P. 90, E4

En verano, el Tian Bistro saca sus coloridas mesas a la callejuela mientras el comedor-atrio, lleno de plantas y con techo de cristal, se inunda de luz natural.

Es el retoño más económico e informal del vegetariano Tian (p. 68), con estrella Michelin, y ofrece sensacionales platos vegetarianos y veganos, como el *risotto* a la trufa negra con avellanas del Piamonte, además de un *brunch* hasta las 13.00 los fines de semana. (tian-bistro.com;)

Burgtheater.

Liebling

CAFÉ €

5 PLANO P. 90, D6

Sus paredes desgastadas, suelos de tarima y muebles desparejados crean un ambiente interesante y relajado, además de no tener cartel. Se puede desayunar (hasta 16.00), tomar un zumo fresco y dar buena cuenta de saludables platos del día como *Strudel* de espinacas y feta o flauta de calabaza y piñones, y terminar con un pastel de chocolate a la lavanda. De noche el bar se anima. Pago solo en efectivo. (facebook.com/liebling1070;)

Figar

CAFÉ €

6 PLANO P. 90, E5

Decorado con un mural de arte urbano, este favorito del barrio sirve consistentes desayunos hasta las 16.00, desde el Working Class Hero (salchicha, champiñones, alubias con salsa de tomate caseras, espinacas y brochetas de tomates *cherry* asados) hasta yogur, muesli, gachas de avena y bollería. De noche, deviene en una coctelería con música *house*. (figar.net)

Glacis Beisl

BISTRÓ €€

7 PLANO P. 90, F4

Se encuentra bajando por Breite Strasse, en el MuseumsQuartier (síganse las señales desde el mumok), y prepara una genuina *Krautfleckerl* (pasta con col), un conseguido *Wiener Schnitzel* y otros clásicos austríacos muy correctos, con vinos blancos y tintos vieneses para acompañar. En verano, se puede comer en el patio, bajo los nogales y entre geranios. (glacisbeisl.at)

Swing Kitchen
VEGANA €

8 PLANO P. 90, B6

De conciencia ecológica, el Swing Kitchen calcula que sus hamburguesas veganas ecológicas (seis variedades) requieren un 93% menos de terreno, un 85% menos de agua, un 96% menos de grano y un 95% menos de energía, lo que resulta en un 92% menos de gases de efecto invernadero. Destacan la vegana Vienna Burger *Schnitzel* y una Swing Burger con salsa barbacoa ahumada. Las patatas y los aros de cebolla se fríen en aceite vegetal; también hay ensaladas.

Muy exitoso, tiene varios locales en Viena y en otras partes de Austria, además de en Alemania y en Suiza. (swingkitchen.com;)

Vestibül
AUSTRÍACA €€€

9 PLANO P. 90, G1

En el ala sur del Burgtheater, el Vestibül es una joya de columnas de mármol y estuco rematada con un magnífico y reluciente bar.

La carta es de cocina tradicional versión contemporánea, con acento en los productos de la región y de temporada. Piénsese en platos como langosta con chucrut o espaldilla de ternera estofada con salsa de bagre ahumado. Se recomienda reservar. (vestibuel.at)

Tart'a Tata
PASTELERÍA €

10 PLANO P. 90, D6

Exquisitos pastelitos franceses, como un arcoíris de *macarons*, relucientes *eclairs, babas au rhum* (borrachitos) y maravillosas *tartes aux fraises* (tarta de fresas), relucen cual joyas en esta *patisserie*, donde también elaboran cruasanes de mantequilla y *pains au chocolat*. Para llevar o para comer en su cafetería. (tarte.at)

Dónde beber

Café Landtmann
CAFÉ

11 PLANO P. 90, G1

Una institución de la ciudad con sillas Thonet, bancos corridos de madera y lámparas de pantalla en el techo, inaugurada para la Exposición Universal de Viena de 1873. El Landtmann fue el proveedor del pabellón del emperador de la feria y aún sirve cocina vienesa y de temporada.

Hace más de 40 años que la familia Querfeld está al frente de este local. Landtmann's Original abastece a diario a los diferentes cafés Landtmann de pasteles tradicionales. (landtmann.at)

Espresso
CAFÉ

12 PLANO P. 90, D4

Con sus mesas de formica, suelos de terrazo, bancos corridos de piel roja y barra *vintage*, este relajado café transporta a la década de 1950 y sirve fuertes expresos italianos, desayunos *gourmet*, platos ecológicos y pasteles caseros. Buena terraza cuando hace sol. (espresso-wien.at)

Die Parfümerie

BAR

13 PLANO P. 90, C5

Moderna, pequeña y elegante, que no pretenciosa, esta coctelería gusta mucho a los vecinos de Neubau. De su ingeniosa carta se puede escoger entre el Pineapple Bellini (el favorito de la casa) o creaciones elaboradas con, p. ej., tequila, limón, jalapeños y chocolate, u otra a base de pisco, ron, melocotón, arce y remolacha. (dieparfuemerie.net)

Café Europa

BAR

14 PLANO P. 90, D6

Un clásico del distrito 7. Sus salas multicolor son un relajado lugar de encuentro a todas horas.

De día, se puede tomar un café o comer en una mesa junto a la ventana, y de noche, apostarse en la barra y escuchar lo que pinchen los DJ. Los desayunos (continental, inglés, vegano y el "Europa", el especial de la casa) resucitan al más resacoso. (europa-lager.at)

R&Bar (Rundbar)

BAR DE VINOS

15 PLANO P. 90, E5

Local del momento, a la parisina y *art déco*, donde solo sirven vinos naturales por copas, además de platos principales para acompañar. Se autodefine como "el lugar de visionarios" en la revolución del vino natural. (weinskandal.at)

Mercados navideños

La muy anhelada temporada de mercadillos navideños de Viena va de mediados de noviembre a Nochebuena.

Los mágicos *Christkindlmärkte* se instalan en calles y plazas, con puestos de juguetes de madera, decoraciones navideñas y bocados tradicionales, como *Wurst* (salchichas) y *Kartoffelpuffer* (tortitas de patata rallada), *Punsch* ("ponche" espirituoso caliente y con frutas) y *Glühwein* (vino especiado). El principal es el céntrico **Rathausplatz Christkindlmarkt** (wienerweihnachtstraum.at).

Diseminado por el adoquinado barrio de Spittelberg, el encantador **Spittelberg Christkindlmarkt** (spittelberg.at) es, por tradición, el más querido de los vieneses.

Donau

CLUB

16 PLANO P. 90, F5

Los DJ pinchan *techno* a un público entregado en este espacio *underground* de excelsas columnas, sorprendentes proyecciones en las paredes y un *Würstelstand* (puesto de salchichas) propio. Es fácil pasarlo de largo: búsquese una puerta metálica gris. (donau techno.com)

DIETMAR RAUSCHER/SHUTTERSTOCK ©

Volkstheater.

Wirr
BAR, CLUB

17 PLANO P. 90, C4

Los fines de semana suele costar encontrar hueco en los sobados sofás de este colorido y alternativo bar con paredes repletas de obras de arte local. En el sótano, en el **Dual** (clubdual.at), programa sesiones *electro* de club. (wirr.at)

Adlerhof
CAFÉ, BAR

18 PLANO P. 90, D4

El Adlerhof, en su transformación de viejo *pub* a bistró precioso, ha devuelto la grandeza a este edificio histórico con su atemporal combinación de sillas Thonet, tonos verdeazulados, apliques y lámparas doradas *art déco* y un atrio lleno de plantas y con una escalera de caracol.

Opciones de desayuno, platos del día, sándwiches, café y pastel, más una carta internacional y casera de cena con platos como cebiche o sabrosas *Knödel* (albóndigas de patata). Se recomienda reservar en línea. (adlerhof.wien)

Ocio

Volkstheater
TEATRO

19 PLANO P. 90, F3

Con casi 1000 butacas, este es uno de los teatros más grandes de Viena. Construido en 1889, el interior es, cómo no, majestuoso.

Aunque la mayoría de las funciones son de obras internacionales (de Ingmar Bergman a Molière), solo se representan en alemán. Es imprescindible reservar; los menores de 27 años tienen descuentos. (volkstheater.at)

Vienna's English Theatre

TEATRO

20 PLANO P. 90, E2

El teatro en lengua extranjera más antiguo de la ciudad (principalmente en inglés, pero también con ocasionales obras en francés o italiano) fue fundado en 1963. Programa desde clásicos, como Shakespeare, hasta obras contemporáneas y comedias.

Los estudiantes obtienen un 20% de descuento y tienen prioridad para las entradas en lista de espera (10 €), que se ponen a la venta 15 min antes de la función. (englishtheatre.at)

De compras

Die Sellerie

PAPELERÍA

21 PLANO P. 90, E4

Esta tienda, inaugurada en el 2010 por Patrick Bauer y Georg Leditzky, dos diseñadores gráficos, vende artículos para el hogar hechos en Europa, pósteres, material gráfico y preciosa papelería. También hacen sus propias tiradas de grabados, impresiones tipográficas y cerámicas elaboradas a mano. (diesellerie.com)

Freudich Vintage Store

VINTAGE

22 PLANO P. 90, A4

Tienda y cafetería con prendas *vintage* cuidadosamente seleccionadas, únicas y a la moda, desde gabardinas hasta modernas camisetas, ordenadas por colores y estilos para facilitar la búsqueda. El dueño sirve cafés y pasteles en el diminuto café con la bicicleta colgada en la pared turquesa y siempre está disponible para cualquier consulta. (freudich.at)

Runway

MODA Y COMPLEMENTOS

23 PLANO P. 90, D4

Es un trampolín para diseñadores austríacos emergentes, cuyas creaciones se exponen junto a las de sus compatriotas ya consolidados. A través de sus ventanas en arco, este espacio blanco muestra las tendencias de la moda femenina vienesa actual (ropa y complementos). (runwayvienna.at)

Schokov

CHOCOLATE

24 PLANO P. 90, E5

Thomas Kovazh hizo realidad su sueño cuando abrió esta sofisticada tienda-galería. Hoy, Schokov vende algunos de los mejores pralinés y trufas de chocolate (más de 200 variedades) de Viena. Chocolate con chile, lavanda, sal marina, patata y pimienta propios, todos en formato tableta, junto a grandes marcas austríacas, como Zotter y Scharffen Berger.

El taller de degustación de 20 chocolates en 1½ h (también en inglés) cuesta 29 €. (schokov.com)

Explorar

Karlsplatz y alrededores

Esta zona, que bordea Ringstrasse, en la esquina sureste del Innere Stadt, alberga la sublime Staatsoper y se extiende al norte y al sur del gran paraíso gastronómico de Viena, el Naschmarkt, hasta algunos de los barrios del centro más interesantes: Mariahilf, Margareten y Wieden. Hay maravillosos restaurantes, bares y locales nocturnos, y se respira el genuino ambiente de los Vorstädte *(barrios periféricos).*

Lo esencial

- ***Staatsoper (p. 100)*** *Revivir los mejores momentos operísticos en un circuito guiado por este suntuoso templo de la música.*
- ***Karlskirche (p. 106)*** *Embobarse ante la cúpula de esta iglesia barroca con increíbles frescos y vistas desde su terraza.*
- ***Secession (p. 106)*** *Contemplar el* Friso de Beethoven *de Klimt y otras maravillas de los artistas de la Secesión Vienesa.*
- ***Naschmarkt (p. 109)*** *Embriagarse con el aroma de las especias, olivas, aceites, vinagres, quesos, jamones, salchichas y demás.*
- ***Akademie der Bildenden Künste (p. 107)*** *Ver el cautivador tríptico (retablo)* El juicio final *de El Bosco.*

Cómo llegar y desplazarse

U Karlsplatz está bien comunicada con el resto de Viena con las líneas U1, U2 y U4 del *U-Bahn*.

Los tranvías nº 1 y 62 paran en Karlsplatz.

Plano de la zona en p. 104.

Staatsoper (p. 100). POSZTOS/SHUTTERSTOCK ©

Las mejores experiencias

Descubrir la espectacular Staatsoper

Construida entre 1861 y 1869 por August Sicard von Sicardsburg y Eduard van der Nüll, la Staatsoper al principio no gustó ni al público ni a los Habsburgo, de ahí el apodo de "tortuga de piedra" que pronto se ganó. Sin embargo, pese a tan gélida acogida, por esta ópera han pasado algunos de los directores de orquesta más célebres de la historia, como Gustav Mahler, Richard Strauss y Herbert von Karajan.

PLANO P. 104, G1

Ópera estatal

wiener-staatsoper.at

Visitas guiadas

Los circuitos guiados recorren el **vestíbulo,** decorado con bustos de Beethoven, Schubert y Haydn y frescos alusivos a óperas famosas, y la **escalinata principal,** custodiada por las estatuas alegóricas de mármol que personifican a las artes liberales. El **salón de té** deslumbra con su laminado de oro de 22 quilates, el **vestíbulo Schwind** cautiva con sus 16 óleos operísticos del artista austríaco Moritz von Schwind, y en la **sala Gustav Mahler** cuelgan tapices inspirados en *La flauta mágica* de Mozart. También se ve el **escenario** entre bastidores, cuyo telón se levanta 350 veces al año, entre óperas y *ballets*.

Espectáculos

Con el mayor repertorio, funciones diarias, medio centenar de óperas y producciones del Ballet Nacional de Viena por temporada, pasar una noche en la Staatsoper es una experiencia absolutamente vienesa. Las producciones son suntuosas y formales, y el público viste en consonancia. El entreacto es el momento para darse una vuelta por el vestíbulo y las salas de refrigerios y así apreciar plenamente los dorados y el cristal.

En julio y agosto no hay funciones (pero sí visitas guiadas). Las **entradas** (bundestheater.at) se pueden sacar hasta con dos meses de antelación.

Opernball

La ciudad participa en más de 400 bailes de cuento cada enero y febrero, con el gran **Opernball** (Baile de la Ópera) a la cabeza. Celebrado en la Staatsoper el jueves anterior al Miércoles de Ceniza, este acontecimiento sumamente fastuoso convierte la platea del teatro en la mayor pista de baile del mundo, con los hombres vestidos de frac y las mujeres con deslumbrantes trajes blancos. Aunque hay una larga lista de espera, las entradas se ponen a la venta la primavera anterior y cuestan desde 385 € por una general hasta los desorbitados 24 600 € por un palco.

★ Consejos

- Hacer 2 h de cola en el Operngasse para conseguir una entrada de pie (a la venta 80 min antes de la función).
- Los circuitos guiados en inglés y alemán (40 min) salen cada hora en punto entre 10.00 y 16.00.
- Los retratos de los grandes de la ópera, vestuarios, escenografías y documentos se exponen en el **TheaterMuseum** (theatermuseum.at), cerca del Hofburg.

Una pausa

El ambiente del **Phil** (phil.business.site), un café-bar *retro*, librería y tienda de discos, reúne a una parroquia bohemia encantada de pasar un rato entre muebles *kitsch*.

Circuito a pie

Ruta sibarita por el Freihausviertel

El que fuera un barrio pobre de artesanos, Freihausviertel, hoy luce revitalizado y sus bonitas calles acogen cafés bohemios, tiendas de alimentación especializadas y algunas de las nuevas galerías, talleres y boutiques más interesantes de la capital. Tras curiosear por el edén gourmet de la ciudad, el Naschmarkt, se puede completar la siguiente ruta sibarita.

Datos

Inicio Sekt Comptoir

Final Frau Svensson

Duración 1,2 km; 2 h

❶ Sekt Comptoir

Se empieza brindando en el **Sekt Comptoir** (sektcomptoir.at) con una copa de *Sekt* (espumoso) de cosecha propia en Burgenland. También venden botellas.

❷ Babette's

Además de vender libros de cocina, **Babette's** (babettes.at), entre semana de 12.00 a 14.30, prepara platos del día en su cocina abierta con especias de marca propia y lo más fresco del Naschmarkt.

❸ Kaffeefabrik

Lo que distingue a la contemporánea y blanca cafetería **Kaffeefabrik** (kaffeefabrik.at) es su café casi perfecto, elaborado a partir de granos tostados en la ciudad y en máquinas de café exprés de última generación.

❹ Henzls Ernte

En el **Henzls Ernte** (henzls.at) quizá se vea a la familia Henzl secando, moliendo y mezclando sus aromáticas plantas silvestres y especias con azúcar y sal. Entre sus especialidades hay sal al endrino, azúcar a la lavanda y pesto de ajo de oso o silvestre.

❺ Bauernladen Helene

Vale la pena pasarse por **Bauernladen Helene** (bauernladenhelene.at), que comercia con productos regionales de primera. Además de fresquísimas frutas, verduras, quesos y carnes, también hay hogazas ecológicas de Joseph Brot, mermelada de vino y chile y mieles de castaño, girasol y acacia.

❻ Frau Svensson

Además de quesos de pequeños productores de Austria, Italia, Francia, Noruega, Dinamarca y los Países Bajos, también tiene tentempiés nórdicos, dulces y salados, que selecciona con morriña **Frau Svensson** (frau-svensson.at).

A
B
C
D
0
500 m
1
2
3
4
5
6
Burggasse
Volkstheater
Museumsplatz
Breite Gasse
Kirchberggasse
Stiftgasse
Sigmundsgasse
Stuckgasse
Neubaugasse
Zieglergasse
Siebensterngasse
Westbahnstrasse/
Neubaugasse
Westbahnstr
Westbahnstrasse/
Zieglergasse
Mondscheingasse
Kirchengasse
Karl-Schweighofer-
Gasse
Mariahilfer Str
11
Lindengasse
Richtergasse
Zollergasse
Andreasgasse
Barnabitengasse
29
Raimundhof
Windmühlgasse
Fillgradergasse
28
19
Köstlergasse
25
Gumpendorfer Str
Stiegengasse
Neubaugasse
Schadekgasse
Amerlingstr
Esterházy
Park
Luftbadstr
Dürergasse
Flohmarkt am
Naschmarkt
Kettenbrückengasse
Mariahilfer Str
Esterházygasse
Zieglergasse
17
Otto-Bauer-Gasse
18
Magdalenestr
20
Hamburgerstr
Schmalzhofgasse
21
Grüngasse
Rüdigergasse
27
5
Haydnhaus
Haydn-
gasse
Webgasse
Gumpendorfer Str
Hofmühlgasse
Sandwirtgasse
Pilgramgasse
Rechte Wienzeile
Linke Wienzeile
Strobachgasse
Margareten-
platz
Pilgramgasse
Liniengasse
Stumpergasse
Grabnergasse
Mollardgasse
Schönbrunner Str
Gartengasse
Viena
Mollardgasse
A
B
C
D

E
F
G
H
1
2
3
4
5
6
Maria-Theresien-Platz
Neue Burg
Burggarten
Burgring
Tourist Info Wien
Johannesgasse
Annagasse
Krugerstr
Kärntner Str
Philharmonikerstr
Walfischgasse
Fichtegasse
Goethegasse
Operngasse
13
Staatsoper
Kärntner Ring/Oper
Mahlerstr
Schwarzenbergstr
Elisabethstr
Museumsquartier
Nibelungengasse
Schillerplatz
15
Schwartzenberg-strasse
Rahlgasse
4 Akademie der Bildenden Künste
Getreidemarkt
Girardipark
Karlsplatz
Friedrichstr
23
10
Theobaldgasse
Phil
2 Secession
12
Lehárgasse
Otto Wagner Pavilion Karlsplatz
3
22
14
24
Girardigasse
Naschmarkt
Resselgasse
Resselpark
Karlsplatz
Stadt Wien
9
Rechte Wienzeile
Wien Resselgasse
1 Karlskirche
Naschmarkt
26
Operngasse
Rilkeplatz
Paniglgasse
Karlsgasse
7
6
Schikanedergasse
Schleifmühlgasse
Frankenberg-gasse
Schwindgasse
30
Gusshausstr
Argentinierstr
Mühlgasse
FREIHAUSVIERTEL
Paulanergasse
Paulanergasse
Heumühlgasse
Kettenbrückengasse
Waaggasse
Mozartgasse
Taubstummengasse
Floragasse
Taubstummengasse
Margaretenstr
Schäffergasse
Grosse Neugasse
Favoritenstr
Wehrgasse
Argentinierstr
16
Krongasse
Wien Mayerhofgasse
Mayerhofgasse
Mostgasse
Rubensgasse
Mittersteig
Wiedner Hauptstr
Schaumburgergasse
Ziegelofengasse
Schönburgstr
Reseñas en:
Las mejores experiencias p. 100
Puntos de interés p. 106
Dónde comer p. 107
Dónde beber p. 109
Ocio p. 111
De compras p. 112

Puntos de interés

Karlskirche
IGLESIA

1 PLANO P. 104, H3

La iglesia de San Carlos se construyó entre 1716 y 1737 a modo de solemne promesa del emperador tras la epidemia de peste en Viena de 1713, según un proyecto del arquitecto del palacio Schönbrunn, Johann Bernhard Fischer von Erlach, pero que completó su hijo Joseph. La enorme cúpula elíptica de cobre alcanza los 72 m; se puede subir al balcón para ver de cerca los frescos de Johann Michael Rottmayr en los que Dios responde a las plegarias del santo para poner fin a la epidemia. La terraza se asoma a Karlsplatz, con vistas a la puntiaguda torre sur de la Stephansdom. (karlskirche.eu)

Secession
MUSEO

2 PLANO P. 104, F2

En 1897, 19 innovadores artistas se desligaron de los convencionales cánones artísticos que dictaba la Künstlerhaus para formar la Wiener Secession (Secesión Vienesa). Entre ellos se contaban Gustav Klimt, Josef Hoffmann, Kolo Moser y Joseph Olbrich. Este último diseñó el nuevo pabellón de exposiciones del grupo, que combinaba funcionalidad con motivos estilísticos. Su mayor reclamo es el exquisitamente dorado *Friso de Beethoven*, de Klimt, que se puede contemplar mientras se escucha con auriculares la *Sinfonía nº 9 en re menor* del compositor.

Secession.

Hay audioguías, y visitas guiacas en inglés (1 h) a las 11.00 los sábados. (secession.at)

Otto Wagner Pavilion Karlsplatz

EDIFICIO HISTÓRICO

3 PLANO P. 104, G2

Asomándose por encima del Resselpark, en Karlsplatz, se ven dos de las mejores obras de Otto Wagner: los Otto Wagner Pavilion Karlsplatz. Construidos en 1898 cuando Wagner estaba enzarzado con el primer sistema de transporte público de Viena, los pabellones son un fabuloso ejemplo del *Jugendstil* (*art nouveau* local), con su estructura de acero y mármol, motivos florales y acabados en oro.

El pabellón occidental muestra algunas de las obras de estilo *Jugendstil* más famosas de Wagner, la **Kirche am Steinhof** (erzdioezese-wien.at) y la Postsparkasse (p. 63). El oriental acoge el Club U (p. 111). (wienmuseum.at)

Akademie der Bildenden Künste

MUSEO

4 PLANO P. 104, F2

Fundada en 1692, esta academia es un espacio de arte infravalorado. Su galería reúne a pintores flamencos, neerlandeses y alemanes, incluidos El Bosco, Rembrandt, Van Dyck, Rubens, Tiziano, Francesco Guardi y Lucas Cranach el Viejo.

La obra que causa mayor sensación es el macabro tríptico (retablo) *El Juicio Final* (1504-1508) de El Bosco, con la expulsión de Adán y Eva en el panel izquierdo, y el horror del infierno en los paneles central y derecho. (akbild.ac.at)

Haydnhaus

MUSEO

5 PLANO P. 104, A5

Joseph Haydn (1732-1809) pasó casi toda su vida en la capital de los Habsburgo, y esta exposición, alojada en la que fue su última residencia en la ciudad, se centra en la Viena –pero también en el Londres– de finales del s. XVIII y principios del s. XIX.

El prominente artista austríaco es célebre sobre todo por crear más de 100 sinfonías y 68 cuartetos de cuerda; sus destacadas piezas *La creación* y *Las estaciones* fueron compuestas aquí. El pequeño jardín reproduce el de Haydn. Las audioguías son gratis. (wienmuseum.at/haydnhaus)

Dónde comer

Vollpension

CAFÉ €

6 PLANO P. 104, F3

Este espacio de ladrillo blanqueado, muebles *vintage* desparejados, lámparas con pantallas de borlas y retratos es el único café conceptual generacional de la ciudad donde se puede disfrutar del *Jause* (desayuno o merienda) y de sus cálidos anfitriones *Oma* y *Opa* (abuela y abuelo).

Solo hay que escoger una hora para desayunar o el paquete con pastel y bebidas ilimitadas, para apoyar esta valiosa iniciativa que ayuda a combatir la soledad y la pobreza en la tercera edad. (vollpension.wien)

Cafe Anzengruber AUSTRÍACA €€

7 PLANO P. 104, F3

Legendario café-bar-restaurante y local histórico de moda en el distrito 4, junto al Naschtmarkt, que congrega a una clientela moderna. Es un café tradicional pero en versión divertida donde sirven platos clásicos, como el *Schnitzel Anzengruber* al estilo vienés (de cerdo y con patatas), y *goulash* casero de ternera con patatas hervidas, pero también moderneces como pimientos rellenos o lasaña. (anzengruber.cafe)

XO Grill ASADOR €€

8 PLANO P. 104, E4

Dos amigos aprovecharon el éxito obtenido con una tienda efímera para crear un asador de comida callejera con el objetivo de ofrecer la mejor carne; la que utilizan en sus *smash burgers* y sándwiches es de vacas lecheras austríacas retiradas, madurada hasta siete semanas. Se puede aumentar el sabor de la hamburguesa de la casa con la Hot Smash (con habaneros y chipotle) o el Pastrami Reuben con chucrut, pepino encurtido y mostaza inglesa. A este local moderno hay que ir pronto para conseguir sitio. (xo-grill.at)

Zur eisernen Zeit AUSTRÍACA €€

9 PLANO P. 104, F3

Cocina vienesa casera de calidad en la primera taberna que abrió en el Naschmarkt. Debe su nombre a la ubicación, pues aquí se cambiaba oro por hierro para financiar las arcas del imperio. Sus *goulash* y *Schnitzel* vieneses tienen acreditada fama como unos de los preferidos del mercado. (zureisernenzeit.at)

Zum Scharfen René COMIDA CALLEJERA €

10 PLANO P. 104, H2

En este *Würstelstand* sirven las típicas salchichas, pero es famoso por tener el surtido más grande y picante de chiles para acompañar, de ahí su eslogan, "puesto de salchichas original vienés y el más picante". Es también un popular punto de encuentro de noche. (vomscharfenrene.at)

Eis Greissler HELADOS €

11 PLANO P. 104, D2

Se distingue a la legua, por las colas, sin importar el tiempo que haga. Riquísimo el helado elaborado con leche, nata y yogur ecológicos de su propia granja en Baja Austria, aunque los veganos también tienen dónde elegir, con muchas versiones con leche de soja y avena. Los sabores, todos naturales, varían según la temporada, y puede haber de queso de cabra, de aceite de semillas de calabaza, de canela, de pera o de mazapán. (eis-greissler.at)

Saigon VIETNAMITA €€

12 PLANO P. 104, F2

Este fue el primer restaurante vietnamita de Viena, y aún se cuenta

El Naschmarkt de Viena

Con su explosión de color, manjares irresistibles y restaurantes, darse una vuelta por los 120 puestos del famoso **Naschmarkt** (wien.gv.at) es una gran fiesta para los sentidos. El mercado más grande de la ciudad empezó como plaza de frutas y verduras en Freyung, y se trasladó a su actual ubicación y se amplió cuando el Wien Fluss (río Viena) fue nivelado (sigue ahí, pero debajo). Sus tres pabellones apenas han cambiado desde 1902.

La oferta cambia de tercio y apuesta por las gangas y las antigüedades en el **Flohmarkt** (mercadillo) de los sábados, cuando lo que toca es rebuscar entre pilas de ropa, hurgar entre cajas y examinar baratijas mientras cantan los precios y se escucha el murmullo del regateo.

entre los mejores, con su gran selección de rollitos y platos de arroz y de fideos, como la exquisita *pho tai bo* (sopa de ternera con fideos). Entre semana, los menús de almuerzo no superan los 10,50 €. (saigon.at)

Veggiezz

VEGANA €

13 PLANO P. 104, F1

En un espacio blanco y luminoso, con sillas verde grisáceo, suelos de madera de pino y macetas con hierbas aromáticas, el Veggiezz propone una carta 100% vegana, con hamburguesas, patatas fritas, *quinotto* (*risotto* de quinoa) y postres como *panna cotta* con fruta de temporada. Para beber hay limonada casera servida en frascos de cristal. (veggiezz.eu)

Dónde beber

Café Sperl

CAFÉ

14 PLANO P. 104, E3

Con su preciosa decoración *Jugendstil,* amplitud, cómodos bancos corridos y plácido ambiente, el Sperl, abierto desde 1880, es uno de los cafés más bonitos de Viena.

Hay que probar la *Sperl torte,* una exquisitez de crema de almendras y chocolate, mejor sentado, con un periódico y un café (tiene tres docenas de variedades), junto a los habituales. Los domingos un pianista ameniza las tardes de 15.30 a 17.30. (cafesperl.at)

Café Schwarzenberg

CAFÉ

15 PLANO P. 104, H2

Es uno de los últimos grandes cafés vieneses de Ringstrasse (y el más antiguo). Esta preciosidad de 1861 tiene techos abovedados con lámparas de araña, paredes enmaderadas, mesas de mármol y sillas de cuero. Entre sus clientes estuvo el arquitecto y diseñador secesionista Josef Hoffmann, pero aún atrae a una clientela del barrio que va por el café, la prensa, el hojaldrado *Warmer Topfenstrudel* (*Strudel* de queso quark que se sirve caliente) y la sublime *Sachertorte*. (cafe-schwarzenberg.at)

Pub Klemo Weinbar BAR DE VINOS

16 PLANO P. 104, E5

Bar de vinos con ambiente de *pub* en el distrito 5. La carta tiene hasta 100 variedades por copa, de caldos austríacos a insólitos y sofisticados, más pasta y *antipasti* caseros para acompañar. (pubklemo.com)

Barfly's Club COCTELERÍA

17 PLANO P. 104, B4

Este bar refinado es célebre por su larga lista de cócteles y ambiente íntimo, que congrega habitualmente a periodistas y actores. Está decorado con fotografías de Ernest Hemingway, Fidel Castro, Che Guevara y Marilyn Monroe, así como del Rat Pack, cuyas canciones suenan de fondo. Las copas no son baratas, pero se cuentan entre las mejores de la ciudad.

Su humidificador almacena cigarros cubanos y dominicanos. (barflys.at)

Café Jelinek.

IMAGE PROFESSIONALS GMBH/ALAMY STOCK PHOTO ©

Miranda Bar

BAR

18 PLANO P. 104, B4

Con una pared rosa pastel, un mostrador de mármol turquesa brasileño y taburetes de cuero blanco, este bar es la coctelería más alegre y frecuentada por gente joven. Su carta de temporada incluye variaciones de los clásicos Gin Mule y Dark and Stormy, combinados atrevidos y *spritzes* especiales. (mirandabar.com)

Ammutsøn Craft Beer Dive

BAR

19 PLANO P. 104, C3

En una calleja adoquinada, el Ammutsøn es un bar acogedor con sencillos bancos de madera y arte curioso en las paredes de ladrillo blanco. Doce tiradores dispensan cervezas "independientemente orgullosas" de origen austriaco y europeo. Promete un ambiente relajado y dicharachero que fomentan Misho, el dueño, y su apasionado equipo. (ammutson.com)

Café Rüdigerhof

CAFÉ

20 PLANO P. 104, C4

La fachada del Rüdigerhof es un maravilloso ejemplo de arquitectura *Jugendstil*, y los muebles y accesorios de la década de 1950 parecen sacados del set de *Te quiero, Lucy*.

El ambiente es acogedor y familiar, fomentado en parte por el jardín circundante. La comida es austríaca consistente (*Schnitzels* gigantes, *Spätzle* [pasta] de espinacas, *Strudel* de queso de cabra), por encima de la media. Los sábados por la mañana se llena de clientes del Naschmarkt. (ruedigerhof.stadtausstellung.at)

Café Jelinek

CAFETERÍA

21 PLANO P. 104, B4

No tiene la pulcritud ni afectación de otros cafés, pero es vienés de los pies a la cabeza, con su cálida estufa de leña, paredes llenas de fotos, descoloridos sillones de terciopelo y gente diversa, incluidos muchos vecinos, que alargan la charla entre el café (recién tostado), el pastel y el periódico. (cafejelinek.steman.at)

Club U

CLUB

22 PLANO P. 104, G2

En uno de los pabellones de Otto Wagner (p. 107) en Karlsplatz, este bar-*disco* pequeño gusta a los estudiantes y ofrece sesiones de DJ y una maravillosa terraza con vistas a los pabellones y el parque. *Happy hour* de 21.00 a 23.00. (club-u.at)

Ocio

Musikverein

SALA DE CONCIERTOS

23 PLANO P. 104, H2

En 1870, la prestigiosa Musikverein abrió las puertas de sus dos salas principales, una de ellas la cuboidal Goldener Saal (Sala Dorada), famosísima por ser la sede permanente de la Orquesta Filarmónica de Viena.

Este opulento espacio ofrece la mejor acústica del país, algo que la filarmónica y la audiencia celebran. Ofrece visitas guiadas de 45 min en inglés (10 €) a las 13.00 de lunes a sábado (lu-vi en jul-ago).

Los conciertos de menor envergadura son en la Brahms Saal. (musikverein.at)

Theater an der Wien TEATRO

24 PLANO P. 104, F3

Este teatro ha acogido estrenos sonados, como el *Fidelio* de Beethoven, *La flauta mágica* de Mozart y *El murciélago* de Johan Strauss hijo. Además de programar musicales, danza y conciertos, en la actualidad ha recuperado su reputación de teatro de primera para la ópera.

Las entradas se venden en la taquilla del MuseumsQuartier hasta 1 h antes de la función. Se ofrecen descuentos para estudiantes. (theater-wien.at)

De compras

Beer Lovers BEBIDAS

25 PLANO P. 104, D3

Este emporio, un paraíso de la cerveza artesana, tiene más de 1500 marcas de 70 estilos de más de 100 fábricas y 27 países, a las que a diario se incorporan novedades.

Se ofrecen catas con regularidad, y hay cervezas (y jarras) en la nevera. También tienen sidras artesanas, licores de producción limitada y bebidas sin alcohol especiales como cerveza de jengibre. (beerlovers.at)

Alt Wien Kaffee CAFÉ

26 PLANO P. 104, F3

Un tentador aroma emana de Alt Wien, en el distrito 23, procedente del tueste de granos de café ecológico de comercio justo.

Fundada por Christian Schrödlf en el 2000, cuando se hizo cargo de una empresa tostadora, Alt Wien produce el mejor café de la ciudad. Vende más de 40 variedades de grano fresco (arábica, robusta o liberica), mezcladas o no, y envasadas o molidas y empaquetadas ante el cliente. También tiene un barecito en el recinto. No hay que confundirlo con el Kaffee Alt Wien. (altwien.at)

Blühendes Konfekt ALIMENTACIÓN

27 PLANO P. 104, A5

Violetas, fresas silvestres, flores de cerezo, menta y orégano, Michael Diewald exprime al máximo lo que crece en su huerta para crear productos de pastelería que saben a temporada. Se puede ver cómo en su taller transforman hábilmente flores y plantas aromáticas en bombones y mini ramos únicos que son obras de arte comestibles. Pago solo en efectivo. (bluehendes-konfekt.com)

Musikverein (p. 111).

Popshop

DISEÑO

28 PLANO P. 104, D3

Concept store nórdica en un sótano, con muebles, artículos de decoración y regalos artísticos. (popshop.wien)

Teuchtler Records

MÚSICA

29 PLANO P. 104, D3

Los cinéfilos reconocerán esta tienda por el clásico de Richard Linklater, *Antes del amanecer* (1995), un homenaje a Viena. El cartel promocional aún cuelga sobre el mostrador y ocupa un lugar de honor entre fotos autografiadas de estrellas del *jazz*, pósteres de discos punk-*rock* y gramófonos antiguos.

La tienda de vinilos de segunda mano más antigua de la ciudad es una caja de sorpresas musicales que van desde los Beatles hasta insólitas grabaciones operísticas. (alt-neu.shop)

Gabarage Upcycling Design

DISEÑO

30 PLANO P. 104, F4

Reciclaje, ecología y responsabilidad social son los pilares en los que se asientan los diseños extravagantes del Gabarage: jarrones realizados con viejos bolos, mesas y sillas a partir de cubos de basura, bolsos en base a lonas publicitarias y lámparas divertidas que antes eran semáforos. (gabarage.at)

Explorar

Del Schloss Belvedere a Landstrasse

La joya de este barrio lleno de arte es el Schloss Belvedere y sus jardines. Pero hay otras grandes atracciones, como la caleidoscópica KunstHausWien, y museos que atesoran desde historia militar hasta falsificaciones de arte, más algunos excelentes cafés, delicatesen y restaurantes de reciente aparición.

Lo esencial

- ***Schloss Belvedere (p. 116)*** *Alucinar en las lujosas estancias decoradas con frescos, los jardines llenos de esculturas y la galería que custodia* El beso *de Klimt, el abrazo definitivo.*
- ***Heeresgeschichtliches Museum (p. 126)*** *Sentir escalofríos al adentrarse en la historia de una Viena devastada por la guerra.*
- ***Hundertwasserhaus (p. 126)*** *Extasiarse con los pisos desnivelados, mosaicos disparatados y colores alucinatorios de Hundertwasser.*
- ***Museum für Angewandte Kunst (p. 126)*** *Retroceder hasta los albores de la época moderna.*
- ***Belvedere 21 (p. 121)*** *Concentrarse en el arte contemporáneo desde un prisma austríaco en esta galería de líneas actuales.*

Cómo llegar y desplazarse

U Las estaciones de Taubstummengasse y Südtiroler Platz de la línea U1 quedan cerca del Schloss Belvedere, y la de Landstrasse (U4) de los puntos a ese lado del Stadtpark.

Tranvía Hay partes del barrio mejor comunicadas en tranvía que con el *U-Bahn*. El nº 2 recorre Ringstrasse (para ir a MAK, Stadtpark), y el nº 1 va a Hetzgasse (zona de Hundertwasser).

Plano de la zona en p. 124.

Goldkabinett, Schloss Belvedere (p. 116). MITZO/SHUTTERSTOCK ©

Las mejores experiencias

Recorrer el Schloss Belvedere y sus jardines

El Belvedere es uno de los palacios barrocos del s. XVIII más bonitos que existen. El famoso arquitecto Johann Lukas von Hildebrandt lo construyó como residencia de verano para el príncipe Eugenio de Saboya, excelente estratega militar que venció a los turcos en 1718. Eugenio se crio en la corte de Luis XIV, y se nota: este chateau no tiene nada que envidiar a Versalles.

PLANO P. 124, C6

belvedere.at

Oberes Belvedere

Con su majestuoso porte sobre sus jardines y regalando unas vistas panorámicas del perfil urbano vienés, el **Oberes Belvedere** (Belvedere Superior) es una de las atracciones ineludibles de Viena. Construido entre 1717 y 1723, su inigualable colección de arte, expuesta en salas llenas de mármoles, frescos y estucos, es una prueba palpable de las inconmensurables riquezas y refinamiento de los Habsburgo.

Y la **sala Terrena** de la planta baja es un gran preludio, con cuatro colosales columnas de Atlas que soportan el peso de su bóveda delicadamente estucada. La muestra **De la Edad Media al Renacimiento (1200-1600)** lleva al visitante por cuatro salas con frescos preciosos para que conozca la evolución del arte de esa época, con una excepcional colección de esculturas y retablos góticos, muchos procedentes de abadías y monasterios austríacos.

La estrella indiscutible es el conjunto escultórico del Maestro de Grosslobming, de 1370-1390, cuyas obras fluidas y expresivas encarnan el ideal figurativo, a destacar el *San Jorge con el dragón,* sin rostro y con un dragón bastante sumiso. Hay otros tesoros, como el políptico *Altar de Albrecht* (1435), uno de los ejemplos más destacados del realismo gótico, y los relieves del panel del *Altar de Znaim* (1445), una glorificación de la fe que muestra la Pasión de Cristo.

El plato fuerte del 1er piso es la **Marmorsaal,** un alarde de mármol, estuco y trampantojos iluminado con lámparas de araña y rematado por el fresco del techo (1721-1723) de Carlo Innocenzo Carlone que enaltece al príncipe Eugenio de Saboya. ¿Pero dónde están las tan cacareadas vistas de Viena? Pues en el balcón.

Las salas de la izquierda de la sala de Mármol acogen la extravagante colección del **Barroco (1600-1800)** austríaco, donde sobresalen las *Cabezas de personajes* de Franz Xaver Messerschmidt, un conjunto de bustos que retratan

★ Consejos

- Comprar las entradas en línea para ahorrar tiempo y dinero. La web informa de los circuitos temáticos guiados y las próximas exposiciones.
- El Belvedere se reparte en tres galerías: Oberes Belvedere, Unteres Belvedere y Belvedere 21. Hay entradas individuales o combinadas.
- Las audioguías se pueden recoger en el mostrador de entradas o descargarlas con el teléfono, en ambos casos por un suplemento.
- Evitar las aglomeraciones y llegar antes que el palacio abra; las peores colas se forman en la temporada alta de verano.

✗ Una pausa

A 5 min de paseo está el **15 Süsse Minuten** (15suesseminuten.at), para un pastel con un buen café o un almuerzo ligero.

emociones humanas. En la **Neoclasicismo-Biedermeier (1800-1865)** se verán obras imaginativas del romanticismo, como los melancólicos paisajes del pintor alemán del s. XIX Caspar David Friedrich y maravillas del Biedermeier vienés, más realistas, de las que no hay que perderse el gallardo *Napoleón cruzando los Alpes* (1801) de Jacques-Louis David y el *Autorretrato como hombre joven* (1828) de Ferdinand Georg Waldmüller.

Las siete salas de la derecha albergan la venerada exposición **Viena 1900,** un Santo Grial para los aficionados a Klimt, con joyas eróticas como *Judith* (1901), *Salomé* (1909), *Adán y Eva* (1917) y *El beso* (1908), que, de las 22 obras del pintor que hay aquí, nunca abandona la galería. Combina a los vanguardistas artistas de la Secesión Vienesa, como Koloman Moser y Helen Funke, con sus contemporáneos impresionistas como Monet, Renoir y Van Gogh, y sucesores expresionistas como Munch.

En el 2º piso, las secciones **Modernidad emergente (1900-1920)** y **Vanguardias (1920-1950)** de posguerra se centran en el expresionismo austríaco. Atención especial merecen obras de Egon Schiele, inquietantes a la vez que seductoras, como *La familia* (1918), *Autorretrato con peine* (1926) de Marie-Louise von Motesiczky y el asombrosamente detallado *La nave de los locos* (1923) de Oskar Laske. De tener tiempo, hay que seguir con este recorrido por el arte transgresor de la planta baja, en la sala de las dinámicas **Vanguardias (décadas de 1960 y 1970).**

Schloss Belvedere y jardines

Las salas recorren cronológicamente 800 años de arte pero van más allá de una mera exhibición. Con salas pintadas en diferentes colores para influir en el estado de ánimo del visitante, el Oberes Belvedere presenta la colección contextualizándola, destacando los periodos sociales, políticos y culturales y los acontecimientos que forjaron a los artistas y sus obras, como la guerra, la migración, los entornos ideales y los mundos interiores subjetivos.

Jardines

Belvedere significa "vista hermosa", algo que resulta evidente en el jardín barroco que comunica los palacios superior e inferior. Estos jardines, trazados hacia el año 1700 en estilo clásico francés por Dominique Girard, un alumno de André le Nôtre, el famoso paisajista de Versalles, se distribuyen a lo largo de un eje central en suave pendiente para regalar unas amplias vistas del perfil urbano de Viena, con la Stephansdom y el Hofburg despuntando en el horizonte.

El jardín en tres niveles está bordeado por setos recortados y flanqueado por parterres ornamentales. Mientras se baja hasta la **cascada inferior,** con sus juguetonas ninfas, conviene fijarse en las ocho musas grecorromanas y en los querubines *putti* que encarnan los 12 meses del año.

Bestias míticas expulsan chorros de agua en la **cascada superior,** que se derrama por cinco niveles hasta un estanque. Las esfinges aladas, símbolos de poder y sabiduría, custodian el acceso al Oberes Belvedere, como si estuvieran a punto de emprender el vuelo.

Al sur del Oberes Belvedere está el **Alpengarten** (bundesgaerten.at), un jardín de estilo japonés con especies alpinas, que alcanzan sus momentos más fragrantes de primavera a verano, cuando florecen clemátides, rododendros, rosas y peonías.

Al norte se halla el **Botanischer Garten** (botanik.univie.ac.at), más grande, que pertenece a la Univer-

Adele Bloch-Bauer

Los nazis confiscaron las propiedades de la acaudalada familia judía Bloch-Bauer después de la *Anschluss* (Anexión).

Entre los bienes había cinco *klimts,* incluido el *Retrato de Adele Bloch-Bauer I* (1907). Los cuadros robados estuvieron expuestos en el Oberes Belvedere hasta el 2006, cuando el Tribunal Supremo de EE UU dictaminó que el Gobierno austríaco debía devolverlos a su propietaria legítima, la nieta de Adele Bloch-Bauer y heredera, María Altmann, que luego vendería. Solo por el retrato se pagaron 135 millones de US$ en una subasta (en su momento cifra récord por un cuadro); hoy se exhibe en la New York Neue Galerie. La película *La dama de oro* (2015) se basa en esta historia.

sidad de Viena y sus invernaderos tropicales con 11 500 especies botánicas, como el bambú enano chino y el cefalotaxo drupáceo.

Unteres Belvedere

Construido entre 1712 y 1716, el **Unteres Belvedere** (Belvedere Inferior) es un festín barroco de aposentos residenciales y salas de actos. La más fastuosa es la **Marmorsaal,** de mármol rojo, otra oda a las victorias militares del príncipe Eugenio de Saboya, con trofeos de estuco, medallones y, en el techo, un fresco de Martino Altomonte que muestra al príncipe y a Apolo rodeados de musas.

A nivel de suelo hay esculturas de la fuente de Georg Raphael Donner de mediados del s. XVIII, que está en Neuer Markt. La Providencia, que sostiene una serpiente, se alza sobre cuatro *putti* que forcejean con peces y que simbolizan un afluente del Danubio (Donau) cada uno.

En la **Groteskensaal,** el ramaje se entrelaza con frutas, aves y bestias mitológicas en un fantasioso y grotesco estilo que causó furor en la época barroca.

Esta conduce a la **Marmorgalerie,** una desmesura de estuco blanco y mármol, con querubines y trofeos de guerra incrustados. Al principio las hornacinas resguardaban tres estatuas clásicas de Herculaneum (ahora en Dresde), que inspiraron al escultor barroco Domenico Parodito para crear las estatuas neoclásicas que se pueden ver hoy. María Teresa I de Austria

Marmorgalerie.

estampó su sello en el palacio, en el adosado **Goldkabinett,** un gabinete dorado con espejos.

Las exposiciones temporales se montan en la **Orangerie,** con una pasarela con vistas espléndidas del jardín privado del príncipe Eugenio. Adosada a la Orangerie se halla el **Prunkstall,** los antiguos establos de palacio, donde ahora se exhiben 150 piezas de arte austríaco medieval: escenas religiosas, retablos, esculturas y trípticos góticos.

Belvedere 21

El **pabellón de Austria,** de acero y cristal, diseñado por Karl Schwanzer para la Expo 58 (Exposición Universal de Bruselas de 1958), renació como el **Belvedere 21** (belvedere21.at) en el 2011, con exposiciones de arte de los ss. XX y XXI, principalmente austríaco. El arquitecto Adolf Krischanitz dejó su pulcra y estética impronta en la galería de planta abierta que queda al sur del Oberes Belvedere, en el **Schweizergarten.**

El dinámico enfoque de la galería abraza un programa de residencias de artistas y exposiciones contemporáneas itinerantes.

La exposición permanente es una colección inigualable de **esculturas** del artista vienés Fritz Wotruba (1907-1975), muchas de las cuales deconstruyen la morfología humana de una forma abstracta y geométrica que recuerda al cubismo.

Entradas combinadas

Sacar las entradas en línea (que se pueden imprimir) ahorra tiempo pero no se podrán cambiar ni reembolsar. También hay entradas combinadas, como la rentable entrada tres por uno para el Oberes Belvedere, el Unteres Belvedere y el Belvedere 21 (adultos/menores de 19 años 26,10 €/gratis), y la dos por uno para el Oberes y el Unteres Belvedere (adultos/menores de 19 años 24 €/gratis).

Las entradas combinadas son solo para el día seleccionado, aunque se puede visitar antes o después del horario reservado.

Circuitos guiados

Se alquilan audioguías por 5 € en el Oberes Belvedere y el Unteres Belvedere (también en español); como depósito hay que dejar el carné de identidad.

Al comprar la entrada en línea se pueden descargar circuitos guiados para el *smartphone* (en inglés y alemán) por 5 €.

Los circuitos temáticos de 1 h sobre períodos o artistas en concreto cuestan 4 € y están en alemán. Las horas y los temas varían (véase el calendario en línea), pero suele haber circuitos los fines de semana a las 15.00 y/o 16.00, y otro más los domingos a las 10.30.

Circuito a pie

Escapada verde

Esta ruta es ideal para respirar aire puro. Se parte de un mercado de granjeros, con alguna parada para tomar un café, y pasa por algunos de los edificios más atrevidos de Viena hasta desembocar en el canal del Danubio (Donaukanal), orillado por la vegetación. También se verán el Stadtpark (parque de la Ciudad) y preciosos jardines botánicos.

Datos

Inicio Rochusmarkt

Final Botanischer Garten

Duración 4,6 km; 1½-4 h

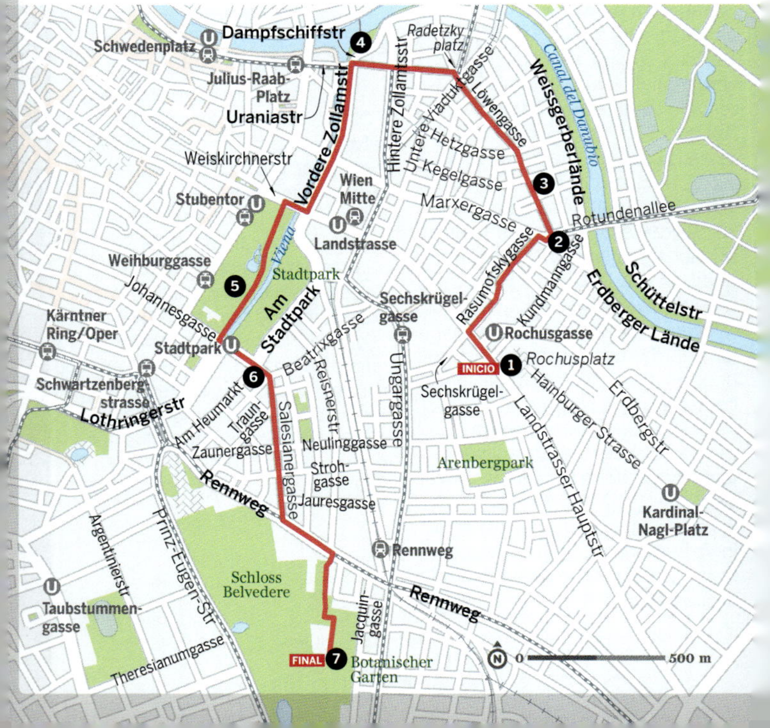

❶ Rochusmarkt

Los puestos rebosan de aceitunas, flores, carnes y quesos en el **Rochusmarkt.** Hay cafés, puestos con comida para llevar y panaderías en la plaza.

❷ Café Zartl

El **Café Zartl** (cafe-zartl.at) es una preciosidad de 1883, año de su inauguración, con sus bancos corridos tapizados a rayas, ambiente cálido y exquisito *Strudel.*

❸ Hundertwasserhaus

El bloque de apartamentos de la **Hundertwasserhaus** (p. 126), con sus líneas curvas, colores alegres y mosaicos, lleva el creativo y singular sello del arquitecto radical vienés Friedensreich Hundertwasser.

Enfrente está el Hundertwasser Village, una antigua fábrica de Michelin convertida en café y centro comercial, pero interesante para ver sus alegres columnas bulbosas de cerámica y ondulantes desniveles que caracterizan al artista.

❹ Strandbar Herrmann

Pese a su emplazamiento, en el animado **Strandbar Herrmann** (p. 129) hay tumbonas, sombrillas, cócteles, arena y el canal del Danubio como si de un mar se tratara. También organizan sesiones de DJ, clases de yoga en la playa y las alternativas y fiesteras *discos* silenciosas.

❺ Stadtpark

Inaugurado en 1862, el **Stadtpark** es un plácido rincón de exuberante vegetación, con caminos sinuosos y estanques de patos bordeados de sauces. Es un lugar fabuloso para pasear o relajarse al sol y un socorrido espacio para almorzar de los trabajadores del Innere Stadt. El parque se expande por ambos lados del río Viena, que desemboca en el canal del Danubio.

❻ Café am Heumarkt

Conviene reparar en el número de la calle porque el **Café am Heumarkt,** un local chapado a la antigua, no tiene cartel. Su interior, a base de parqué reluciente, bancos corridos de piel y mesas de mármol, retrotrae a la década de 1950.

❼ Botanischer Garten

Este **jardín botánico** (p. 119), perteneciente a la Universidad de Viena, cuenta con invernaderos tropicales y 11 500 especies vegetales de seis continentes, con maravillas como un bambú enano chino, un gingko biloba, tulíperos y cefalotaxos drupáceos.

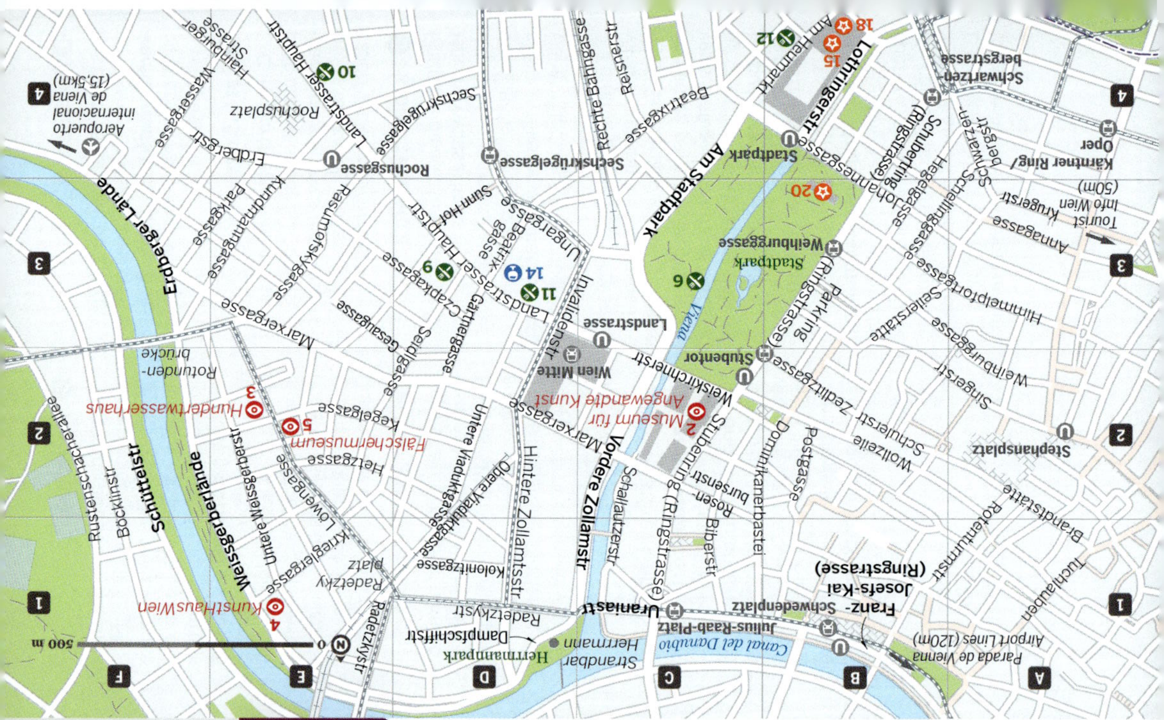

A
B
C
D
E
F
1
2
3
4
500 m
0
N
Parada de Vienna Airport Lines (120m)
Canal del Danubio
Franz-Josefs-Kai (Ringstrasse)
Schwedenplatz
Julius-Raab-Platz
Uraniastr
Strandbar Herrmann
Herrmannpark
Dampfschiffstr
Radetzkystr
Radetzkyplatz
Kolonitzgasse
Hintere Zollamtsstr
Vordere Zollamtstr
Schallautzerstr
Stubenring (Ringstrasse)
Biberstr
Rosenbursenstr
Dominikanerbastei
Postgasse
Wollzeile
Schulerstr
Zedlitzgasse
Stubentor
Weiskirchnerstr
2 Museum für Angewandte Kunst
Marxergasse
Wien Mitte
Landstrasse
Invalidenstr
Vienna
Stadtpark
Parkring (Ringstrasse)
Weihburggasse
Johannesgasse
Am Stadtpark
Lothringerstr
Am Heumarkt
Schubertring (Ringstrasse)
Hegelgasse
Schellinggasse
Schwarzenbergstr
Schwarzenbergstrasse
Kärntner Ring/Oper
Annagasse
Krugerstr
Tourist Info Wien (50m)
Himmelpfortgasse
Seilerstätte
Weihburggasse
Singerstr
Stephansplatz
Rotenturmstr
Brandstätte
Tuchlauben
Rechte Bahngasse
Reisnerstr
Beatrixgasse
Sechskrügelgasse
Ungargasse
Beatrixgasse
Landstrasser Hauptstr
Sünn Hof
Czapkagasse
Gärtnergasse
Seidlgasse
Gesaugasse
Untere Viaduktgasse
Obere Viaduktgasse
Kegelgasse
Hetzgasse
Fälschermuseum
5
Löwengasse
Krieglergasse
Untere Weissgerberstr
Weissgerberlände
4 KunstHausWien
3 Hundertwasserhaus
Rotundenbrücke
Schüttelstr
Böcklinstr
Rustenschacherallee
Erdberger Lände
Marxergasse
Rasumofskygasse
Kundmanngasse
Parkgasse
Rochusgasse
Erdbergstr
Rochusplatz
Landstrasser Hauptstr
Wassergasse
Hainburger Strasse
Aeropuerto internacional de Viena (15,5km)
6
9
10
11
12
14
15
18
20

Reseñas en:
Las mejores experiencias p. 116
Puntos de interés p. 126
Dónde comer p. 127
Dónde beber p. 130
Ocio p. 131
Schloss Belvedere
Unteres Belvedere
Oberes Belvedere
Jardín alpino
Botanischer Garten
Schweizer Garten
Heeresgeschichtliches Museum
Arenbergpark
Karls-platz
Rennweg
Landstrasser Gürtel
Wiedner Gürtel
Prinz-Eugen-Str
Landstrasser Hauptstr
Favoritenstr
Argentinierstr
Taubstummengasse
Fasangasse
Jacquingasse
Ungargasse
Linke Bahngasse
Obere Bahngasse
Aspangstr
Oberzellergasse
Steingasse
Eslarngasse
Boerhaavegasse
Schützengasse
Stanislaugasse
Juchgasse
Barichgasse
Barmherzgengasse
Apostelgasse
Messenhausergasse
Baumgasse
Neulinggasse
Strohgasse
Jauresgasse
Metternichgasse
Salesianergasse
Marokkanergasse
Zaunergasse
Schwarzenbergplatz
Lisztstr
Traungasse
Mattiellistr
Gusshausstr
Schwindgasse
Wohllebengasse
Theresianumgasse
Belvederegasse
Mommsengasse
Goldeggasse
Weyringergasse
Mohsgasse
Hohlweggasse
Kölblgasse
Hegergasse
Gerlgasse
Karchergasse
A-Blamaur-Gasse
Ghegastr
15 Süsse Minuten
A B C D E F
5 6 7 8

Puntos de interés

Heeresgeschichtliches Museum

MUSEO

1 PLANO P. 124, D8

El soberbio Museo de Historia Militar está alojado en el Arsenal, un gran cuartel y polvorín neobizantino. En sus dos plantas repasa la historia desde la Guerra de los Treinta Años (1618-1648) hasta la II Guerra Mundial, con la Revolución húngara de 1848 y la Guerra de las Siete Semanas (1866), las Guerras Napoleónicas y contra los turcos y la I Guerra Mundial de por medio.

En el 1er piso destacan el Gran Sello de Mustafa Pasha, que cayó en manos del príncipe Eugenio de Saboya en la Batalla de Zenta en 1697. (hgm.at)

Museum für Angewandte Kunst

MUSEO

2 PLANO P. 124, C2

El MAK está dedicado a la artesanía y a diferentes formas de arte en la vida cotidiana. Cada sala presenta muebles y materiales de diseño de un estilo distinto: renacentista, barroco, orientalista, historicista, imperio, *art déco* y la característica metalistería de la Wiener Werkstätte. Si cada espacio expositivo es llamativo y especial es porque se encargó su confección a distintos artistas contemporáneos. La sala de diseño y arquitectura del s. XX es una de las más fascinantes. (mak.at)

Hundertwasserhaus

EDIFICIO EMBLEMÁTICO

3 PLANO P. 124, E2

El diseño distintivo del excéntrico artista Friedensreich Hundertwasser consistía en crear espacios donde seres humanos y naturaleza coexistieran en armonía. Con su pintura abigarrada, líneas curvas y balcones y azotea de la que brota el bosque, la Hundertwasserhaus (terminada en 1985) se aparta visual y deliberadamente de sus vecinos más clásicos y convencionales, consiguiendo su objetivo de hacer que la gente se detenga y recapacite sobre el urbanismo y una manera de vivir más ecológica.

El famoso mirador está en Kegelgasse. No se puede entrar al edificio (es de apartamentos privados), pero sí pasar un rato en el café con terraza, o visitar la **Hundertwasser Village** (hundertwasser-village.com), del mismo artista, al otro lado de la calle.

KunstHausWien

MUSEO

4 PLANO P. 124, E1

La KunstHausWien (Casa del Arte de Viena), con sus cerámicas protuberantes, superficies torcidas, fachada en damero, mosaicos multicolor y tejado del que brotan plantas y árboles, lleva el sello inimitable del extrovertido artista e implacable ecologista vienés Friedensreich Hundertwasser (1928-2000), famoso por haber calificado de "impías" las líneas rectas. Esta casa es una oda a su obra gráfica y pictórica, maquetas

Hundertwasserhaus.

y proyectos estructurales, pero también a su militancia verde, que tiene continuidad en exposiciones temporales sobre temas socioambientales. (kunsthauswien.com)

Fälschermuseum MUSEO

5 PLANO P. 124, E2

Vaya ¿un museo con obras de Schiele, Rafael, Rembrandt y Chagall que nadie conoce? Bueno, eso es porque todas son falsas, aunque detectar la diferencia es casi imposible para el profano en la materia. El diminuto y privado Fälschermuseum (Museo de las Falsificaciones de Arte) abre una ventana fascinante al mundo del arte copiado.

Además de ofrecer información sobre quién, cómo, cuándo y qué, el museo cuenta historias increíbles sobre los maestros de la falsificación que consiguieron engañar a los expertos. (faelscher museum.com)

Dónde comer

Steirereck im Stadtpark GASTRONOMÍA €€€

6 PLANO P. 124, C3

Heinz Reitbauer dirige este restaurante con dos estrellas Michelin, sito en una antigua lechería del s. XX, en el arbolado Stadtpark. Sus menús de degustación son un exuberante festín de sabores naturales y esenciales que resultan de un trabajo exigente. Con maridaje de vinos cuestan 105/120 € (6/7 platos). (steirereck.at/steirereck.html)

Klimt en Viena

Las obras de Gustav Klimt (1862-1918), la refulgente estrella del *Jugendstil (art nouveau)* austriaco, siguen siendo tan relevantes y seductoras como cuando el pintor escandalizó al encorsetado estamento artístico de la Viena de *fin de siècle* con su estilo decorativo y erótico.

'Judith' (1901; Oberes Belvedere)
Una de las obras trascendentales de Klimt. Es una deslumbrante evocación de la heroína del Antiguo Testamento, Judith, una viuda rica que encandila y decapita a Holofernes (cuya cabeza cercenada se puede ver en la esquina derecha del lienzo). La utilización del pan de oro y los detalles como el mosaico son típicos del período dorado del pintor, que se inspiró en la imaginería bizantina que vio en sus viajes a Venecia.

'El beso' (1908; Oberes Belvedere)
Una pareja envuelta en elaboradas túnicas se funde en un abrazo sobre un prado floreado. Con una sinuosa cascada de pan de oro y un elaborado estampado sobre un fondo nebuloso, la pareja parece traspasar el lienzo en su estado apasionado y de ensoñación.

'Adán y Eva' (1918; Oberes Belvedere)
Klimt estaba trabajando en esta maravilla bíblica cuando murió de repente de un ictus el 6 de febrero de 1918. Adán queda en segundo plano detrás de Eva, con su melena dorada y anémonas dispersas que cubren sus pies.

Café Goldegg CAFÉ €

7 PLANO P. 124, B8

Esta cafetería ha sido renovada según el estilo clásico vienés de 1910, con bancos corridos de terciopelo verde, paneles de madera, mesas de billar y toques *art nouveau*, pero todo actualizado. Bien atendido, este lugar propone, además de incondicionales como *goulash*, opciones más ligeras como *paninis* tostados con pesto de albahaca casero y vegetarianos curris ayurvédicos. (cafegoldegg.at)

Meierei im Stadtpark AUSTRÍACA €€

En las verdes inmediaciones del Stadtpark, el Meierei (véase 6 plano p. 124, C3) tienta con su inconfundible *goulash* con limón, alcaparras y cremosas bolas de masa, y surtido de 120 quesos.

El copioso desayuno (hasta 12.00) incluye exquisiteces como

huevo escalfado con setas de bosque y gofres de masa madre con ensalada de calabacín y queso de cabra. (steirereck.at/meierei.html)

Das Lokal im Hof INTERNACIONAL €€

8 PLANO P. 124, B8

Este café-restaurante de primera, con un interior minimalista y cocina abierta, se esconde en el patio de una antigua lechería.

Los dueños lo dirigen con cariño e imaginación y proponen una comida honesta, generosa y deliciosa, ya se trate de la alcachofa con mayonesa de limón, la calabaza con ricota al horno y acerolos, o la caballa a la brasa con crema de almendras. (daslokal.at)

Heunisch & Erben AUSTRÍACA €€

9 PLANO P. 124, D3

Este bar de vinos y restaurante contemporáneo se ha labrado cierta fama en los círculos gastronómicos. Es un espacio minimalista de techos altos, con ventanales en arco, mesas de madera y un montaje de cajas de vino suspendido del techo. En la carta aparecen platos que aúnan el Mediterráneo con Austria como las berenjenas con pimiento amarillo, linaza y queso *stracchino*, o tiernas carrilleras de cerdo con puré de tubérculos. (heunisch.at)

Lingenhel EUROPEA €€

10 PLANO P. 124, E4

Esta sofisticadísima delicatesen-bar-restaurante está en una casa de 200 años. Salamis, vinos y quesos de fabricación propia seducen en la tienda, mientras en el pequeño y enjalbegado restaurante sirven sencillos platos de cocina europea moderna de temporada, como la trucha con guisantes, nabos y naranja, o el *risotto* de vieiras y espárragos. (lingenhel.com)

Joseph Brot BISTRÓ €€

11 PLANO P. 124, D3

De la panadería, bistró y pastelería de Joseph Brot sale el mejor pan de Viena. Pero aparte de maravi-

Disfrutar de los 'schanigärten'

Cuando el termómetro sube, la vida de los vieneses cambia al aire libre, a los *schanigärten* ("jardines-bar"). A diferencia de las *Gastgärten* ("jardines-cervecerías"), los *Schanigärten* se instalan en espacios públicos como aceras y, a veces, zonas de aparcamiento y plazas, gracias a los permisos económicos que expiden las autoridades, válidos del 1 de marzo al 15 de noviembre. Las fechas exactas dependen del tiempo.

Bares de playa como el **Copa Beach** (copabeach.wien) y el **Strandbar Herrmann** (strandbarherrmann.at) surgen junto al agua con el verano. Son una fabulosa opción para aquellos vieneses que no se van de vacaciones.

Fin de trayecto: Zentralfriedhof

Cuando un vienés dice *"Er hat den 71er genommen"* ("Tomó el 71"), se refiere, metafóricamente hablando, a que alguien ha muerto, en relación a la parada final de esa línea de tranvía: el **Zentralfriedhof** (friedhoefewien.at). La descomunal superficie del Cementerio Central (2,4 km^2, con más de tres millones de almas enterradas) ha convertido su línea de tranvía en un eufemismo de la muerte. Es uno de los cementerios más grandes de Europa, donde ricos y pobres, budistas y judíos, católicos y protestantes descansan juntos para siempre bajo fresnos y arces. Con avenidas arboladas y monumentos cubiertos de maleza, promete tranquilos paseos.

El **centro de información** y el mapa del lugar están en la puerta dos. Más allá se encuentran las estelares **Ehrengräber** (tumbas de honor). Aparte de compositores de relumbrón como Beethoven, Brahms, Johann Strauss padre e hijo, y Schubert, aquí yacen también genios austríacos como el artista Hans Makart, el escultor Fritz Wotruba, el arquitecto Adolf Loos y el icono del pop ochentero Falco. Igualmente hay un monumento a Mozart, aunque el músico está enterrado en una tumba sin nombre en el **St Marxer Friedhof** (cementerio de San Marcos).

llosas hogazas recién horneadas (como la chapata ecológica de olivas y tomate, o el pan de centeno con miel y lavanda) ofrece desayunos saludables, infusiones especiales, sanos licuados de frutas y pastelitos deliciosos.

De estilo minimalista, la carta de almuerzo del bistró es de rigurosa temporada, con tentaciones como *Spätzle* (pasta) con queso de montaña, chalotas al limón y col. (joseph.co.at)

Gmoakeller

AUSTRÍACA **€€**

12 PLANO P. 124, B4

Vivita y coleando desde 1858, esta evocadora bodega no podría ser más tradicional, con sus suelos de parqué, bóvedas de ladrillo y cálidos paneles de madera. La comida, por supuesto, es de factura clásica, como el *Zwiebelrostbraten* (*roast beef* con cebolla por encima) o los *Kas'nudeln* (raviolis de queso) de Carintia, y marida muy bien con los vinos austríacos. En verano sacan mesas a la acera. (gmoakeller.at)

Dónde beber

Salm Bräu

MICROCERVECERA

13 PLANO P. 124, C6

Salm Bräu elabora sus propias *Helles* (*lager* más rubia), *Pils (pilsner)*, *Märzen* (cerveza roja con intenso sabor a malta), *G'mischt* (mitad *Helles*, mitad *Dunkel* –negra–) y *Weizen* (cerveza de trigo con cuerpo, ligeramente dulce). Está al lado del Schloss Belvedere y es muy popular. (salmbraeu.com)

Laniato: Wiener Wollcafe CAFÉ

14 PLANO P. 124, D3

Los lugareños hablan maravillas de este relajado café. Se puede ir a tomar algo calentito y un *brownie* y ver lo rápido que trabajan con las agujas mientras se curiosea entre ovillos de colores y creaciones de lana. (laniato.com)

Ocio

Konzerthaus SALA DE CONCIERTOS

15 PLANO P. 124, B4

La Konzerthaus es uno de los principales escenarios de música clásica, aunque también suena música étnica, *rock*, pop y *jazz* en sus veneradas salas. Pueden ofertarse hasta tres conciertos a la vez, en la Grosser Saal, la Mozart Saal y la Schubert Saal. Además, el enorme complejo cuenta con otras cuatro salas de conciertos. (konzerthaus.at)

Desayuno, Joseph Brot (p. 129).

Radiokulturhaus

SALA DE CONCIERTOS

16 PLANO P. 124, A6

Programa desde música clásica hasta cuartetos de *jazz* y espectáculos cabaré, en sus varias salas, como la Grosser Sendesaal (sede de la Orquesta Sinfónica de Radio Viena) y el Klangtheater (utilizado sobre todo para obras de teatro radiofónicas). Uno de los hervideros culturales de Viena. (radiokultur haus.orf.at)

Arnold Schönberg Center

MÚSICA CLÁSICA

17 PLANO P. 124, B5

Este excepcional archivo que legó Arnold Schönberg es un centro cultural y homenaje a la escuela vienesa de principios del s. XX, que recuerda al compositor, pintor, profesor, teórico e innovador vienés célebre por su técnica de 12 tonos.

La sala de exposiciones acoge íntimos conciertos de música clásica, frecuentados por entendidos melómanos locales. (schoenberg.at)

Akademietheater

TEATRO

18 PLANO P. 124, B4

Inaugurado en 1922, este teatro con 500 butacas es la segunda sala del muy estimado Burgtheater (p. 92) vienés. Acoge sobre todo producciones contemporáneas. (burgtheater.at/en/akademie theater)

Akademietheater.

Los distritos de Viena

Los 23 *Wiener Bezirke* (distritos de Viena) giran en sentido horario alrededor del centro como una concha de caracol (aunque en algunos casos saltan de posición). El Innere Stadt (01) ocupa el centro, rodeado por Ringstrasse. Más o menos entre Ringstrasse y la carretera de circunvalación de Gürtel están los *Vorstädte* (barrios periféricos): 02 (Leopoldstadt), 03 (Landstrasse), 04 (Wieden), 05 (Margareten), 06 (Mariahilf), 07 (Neubau), 08 (Josefstadt) y 09 (Alsergrund). Fuera de Gürtel están los *Vororte* (suburbios lejanos): 10 (Favoriten), 11 (Simmering), 12 (Meidling), 13 (Hietzing), 14 (Penzing), 15 (Rudolfsheim-Fünfhaus), 16 (Ottakring), 17 (Hernals), 18 (Währing), 19 (Döbling) y 20 (Brigittenau). Los distritos 21 (Floridsdorf) y 22 (Donaustadt) están en el lado noreste de la ciudad, mientras el 23 (Liesing) linda al suroeste.

Los nombres de las calles empiezan con el número del distrito seguido de un punto y de una coma, por ejemplo, 8., Josefstädter Strasse. El número del distrito se identifica fácilmente por los dos dígitos centrales de su código postal de cuatro dígitos; p. ej., 1010 es el 01 (Innere Stadt).

Cada *Bezirk* tiene su propio estilo y carácter. Dentro de ellos, o entre ellos, a menudo hay barrios más pequeños, como el romántico y empedrado Spittelberg, 07, detrás del MuseumsQuartier, y el favorito de los gastrónomos, Freihausviertel, en los lindes de los distritos 04 y 05.

Arena Wien
MÚSICA EN DIRECTO

19 PLANO P. 124, F6

Este antiguo matadero se ha convertido en uno de los espacios más curiosos de la capital austriaca para ver bandas en directo. *Hard rock, rock, metal, reggae* y soul (además de proyecciones de cine) llenan su escenario al fresco de mayo a septiembre; en invierno, las bandas tocan en una de las dos salas interiores. De sus eventos habituales destaca la fiesta "Iceberg", con música *new wave* y pop alemana y británica. (arena.wien)

Kursalon
MÚSICA CLÁSICA

20 PLANO P. 124, B3

A los fans de Strauss y Mozart les encantarán los conciertos diarios (20.30) dedicados a estos dos maestros en un espléndido edificio renacentista reformado. También es popular el paquete de cena (18.00) seguido de concierto en el restaurante, igual de palaciego. (kursalonwien.at)

Merece la pena

Divertirse en el Prater

El Prater cuenta con dos zonas de parque bien definidas, que son el patio de recreo favorito de los vieneses. Al entrar se encuentra el Würstelprater, con todas las montañas rusas y autos de choque de feria y donde gira la icónica noria Riesenrad. Y el Prater verde es un gran bosque que antaño fue el coto de caza de los Habsburgo, ahora ideal para tranquilos paseos en bicicleta o a pie y, si el tiempo acompaña, buenos pícnics.

wiener-prater.at

Würstelprater

Todo el mundo se comporta como un chaval de 10 años en el **Würstelprater** (praterwien.com). Llega el verano y este parque de atracciones se llena de nerviosos preadolescentes, y otros mayores, que se ponen las botas a base de dónuts y cargan con sus trofeos de peluche. Las 250 atracciones van desde los trenes del terror y tiovivos de los de antaño hasta "cañones humanos" que desafían la gravedad.

La adrenalina se dispara en atracciones nuevas y aterradoras como el **Turbo Boost,** que gira a 100 km/h; el **Ejection Seat,** que catapulta a los temerarios a 90 m por encima del suelo; y el **Space Shot,** que los lanza a 80 km/h. El **Liliputbahn** (liliswelt.at) es un mini tren que traquetea 4 km entre el Würstelprater y la Ernst-Happel-Stadion (mar-nov).

Riesenrad

Como máxima prioridad está la **Riesenrad** (wienerriesenrad.com), al menos para quienes recuerden el monólogo de Orson Welles sobre el reloj de cuco en la película británica de cine negro *El tercer hombre* (1949), ambientada en la sombría Viena de posguerra. Esta emblemática atracción también aparecía en la película de James Bond *007: Alta tensión* (1987), y en *Antes del amanecer* (1995), dirigida por Richard Linklater.

Construida en 1897 por el inglés Walter B. Basset para celebrar los 50 años de entronización del emperador Francisco José I, la noria sube a 65 m y tarda 20 min en completar una vuelta con sus 430 toneladas de peso, suficiente para sacar buenas fotos de la ciudad. Sobrevivió a los bombardeos en 1945, y tiene una iluminación espectacular y un café a sus pies.

Planetarium

El **Planetarium** (planetarium-wien.at), el visor extraterrestre e interestelar de Viena, se halla

★ Consejos

- Los entusiastas de la arquitectura pueden admirar la Biblioteca y Centro de Formación de Zaha Hadid del aledaño campus de la **Wirtschaftsuniversität** (Facultad de Empresariales), accesible desde la estación Messe-Prater de la línea U2.
- Los vieneses abarrotan el parque cada día, aunque entre semana suele estar un poco más tranquilo.
- Para una experiencia muy vienesa, visítese el mercado de granjeros del **Karmelitermarkt,** antes del *brunch* en algún café-delicatesen.

Una pausa

El acogedor bistró **Tempel** (geschmacks-tempel.at) está escondido en un patio junto a Praterstrasse, o se puede probar uno de los *Schnitzels* más deliciosos de la ciudad en el **Skopik & Lohn** (skopikundlohn.at).

en los márgenes del Würstelprater, detrás del Riesenrad. Los espectáculos cambian a menudo, pero casi siempre versan sobre cómo encaja la Tierra en el esquema cosmológico. Los espectáculos son en alemán.

Pratermuseum

Cuando se visitó, el nuevo Pratermuseum, un museo moderno que repasa la historia del parque, aún no estaba totalmente concluido.

Panorama Vienna

En el Prater se celebró la Exposición Universal de Viena de 1873. Aparte de los innumerables pabellones internacionales, su rotonda, la pieza central, era la mayor construcción abovedada del mundo. Se incendió en 1937; hoy, el nuevo espacio expositivo Panorama Vienna recuerda su historia.

El Prater verde

Pocas zonas en Viena pueden compararse al Prater verde, ideal para respirar aire puro, hacer ejercicio y asistir a la explosión de colores estacionales. El parque más grande del centro de Viena ocupa 60 km^2 de bosques de álamos y castaños, prados y bulevares arbolados, además de parques infantiles, una piscina, un campo de golf y un hipódromo.

La avenida **Hauptallee,** bordeada por esculturales castaños, de incandescentes colores rojizo y dorado en otoño y henchidos con delicadas flores blancas a finales de primavera, es la arteria central de 4,5 km del parque, que va de la plaza y estación

Hauptallee.

El tercer hombre

El director y productor Alexander Korda pidió al escritor inglés Graham Greene que escribiera un guion sobre la Viena de posguerra, ocupada por las cuatro potencias aliadas. Greene voló a la ciudad en 1948 y la película, dirigida por Carol Reed, se rodó ese mismo año. Trata del escritor en paro Holly Martins (Joseph Cotten), que va a la capital de Austria a petición de su viejo amigo de la infancia, Harry Lime (Orson Welles), y allí descubre que ha muerto en extrañas circunstancias. Las dudas sobre su muerte arrastran a Martins hasta el fraudulento mercado negro de la penicilina y los entresijos de los poderes multinacionales que controlan Viena.

El tercer hombre ganó la Palma de Oro de Cannes de 1949 y el Oscar a la Mejor Fotografía (en blanco y negro) en 1951, y fue seleccionada por el British Film Institute como la "mejor película británica del s. XX" en 1999. El **Burg Kino** (burgkino.at) la proyecta al menos tres veces por semana; los horarios se anuncian cada martes.

Su popularidad ha dado lugar al **Third Man Museum** (Museo del Tercer Hombre; 3mpc.net). El **Third Man Tour** (viennawalks.com), en inglés, recorre las principales localizaciones del filme, y el **3.MannTour** (drittemanntour.at) se adentra al antiguo alcantarillado vienés del s. XIX.

de Praterstern a la **Lusthaus** (lusthaus-wien.at).

La Lusthaus, nacida en el s. XVI como pabellón de caza, fue reconstruida en 1783 para acoger fiestas imperiales y otros eventos pomposos. Hoy, alberga un café y restaurante iluminado con lámparas de araña.

En las cercanías: Augarten

Con el jardín barroco más antiguo de la ciudad, este **parque** (kultur.park.augarten.org) ornamental de 1775 posee prados abiertos y surcados por senderos orillados por olmos, tilos, castaños y arces. Se puede jugar a pelota en una sección, dejar que los niños jueguen en un parque infantil o visitar la fábrica de porcelana Augarten, la segunda más antigua de su estilo en Europa, y su museo de porcelana (augarten.at).

Merece la pena

Deambular por el majestuoso Schloss Schönbrunn

No hay lugar en Viena más arraigado al patrimonio imperial que el palacio de Schönbrunn. La residencia de los Habsburgo encierra cuatro siglos de historia en sus estancias rococós, salones ceremoniales, aposentos privados y opulentos jardines. Se recomienda dedicar al menos medio día a contemplar este legado en sus 45 espacios abiertos al público.

schoenbrunn.at

Entradas para el Schloss Schönbrunn

La variedad de entradas para la atracción más visitada de Viena es desconcertante; las salas oficiales y los aposentos imperiales se pueden visitar en tres rutas distintas con audioguía y diferentes accesos. Lo mejor es sacar las entradas con antelación en línea e imprimirlas o guardarlas en el teléfono.

El pase **State Apartments** (adultos/niños 20/13 €), de 25 min, abarca los salones de ceremonias centrales 19-26, incluida la Gran Galería. El **Imperial Tour** (adultos/niños 24/17 €), de 40 min, incluye el circuito por los State Apartments e incorpora las salas 1-18 y los aposentos privados del emperador Francisco y la emperatriz Isabel de Baviera. El **Grand Tour** (adultos/niños 29/21 €), de 1 h, ofrece mejor relación calidad-precio e incluye las 45 salas, además de las suntuosas estancias de María Teresa.

El Imperial Tour guiado en inglés (adultos/niños 33/23 €) se ofrece los sábados y domingos a las 14.45. El circuito guiado **Maria Theresia** (adultos/niños 33/23 €) se centra en las habitaciones más preciadas de la emperatriz y se ofrece entre semana a las 10.30, 12.30 y 15.00 y los sábados y domingos a las 10.30 y 12.30.

Para ver varios puntos de interés del castillo, lo mejor es comprar una entrada combinada.

En temporada de verano (abr-ppios nov), el **Classic Pass** (adultos/niños 34/27 €) abarca el Grand Tour con audioguía por el Schloss Schönbrunn (que incluye las 45 salas abiertas) y visitas al Kronprinzengarten (jardín del Príncipe Heredero), el Orangeriegarten (invernadero), el Irrgarten y el Labyrinth, y la Gloriette, con su terraza panorámica.

También en verano, el **Classic Pass Plus** abarca el Tiergarten (zoo), la Wüstenhaus (casa del Desierto), la Palmenhaus (casa de las Palmeras) y la nueva experiencia de realidad virtual por el palacio. Estas dos entradas

★ Consejos

- Sacar las entradas en línea para evitar las colas. El Classic Pass incluye los principales puntos de interés.
- Ir cada cual a su ritmo: hay mucha arquitectura e historia que ver y los jardines son enormes.
- Para descansar y saltarse las cuestas, se puede subir al "tren" turístico (sobre ruedas) **Schönbrunner Panoramabahn** (zoovienna.at/besuch-und-tickets/panoramabahn), que hace un recorrido de 50 min por los jardines con nueve paradas.

Una pausa

Disfrutar de una bebida con vistas a los jardines y la ciudad al fondo en el **Café Gloriette** (gloriette-cafe.at) o probar la *Viennese Tafelspitz* en el **Plachutta Hietzing** (plachutta-hietzing.at).

combinadas no incluyen las visitas guiadas, que se pueden reservar en la taquilla.

El Sisi Ticket (p. 52), disponible todo el año, abarca lugares clave del Hofburg y el Schloss Schönbrunn.

El paseo imperial

El Imperial Tour (con audioguía o *app*) arranca en la **escalera Azul,** que bajo preciosos frescos pintados lleva al piso superior del palacio. Primero están los decimonónicos aposentos del emperador Francisco José I y su amada esposa Isabel de Baviera, alabada por su cintura de avispa y largos tirabuzones.

Después se visitan salas pródigamente estucadas e iluminadas con lámparas de araña como la **sala de billar,** donde los mandos militares aguardaban a ser recibidos, y el **estudio de Francisco José,** en el que el emperador trabajaba incansablemente desde las 5.00. La cama de hierro y el lavamanos para las abluciones matutinas en su **dormitorio** denotan su naturaleza devota y disciplinada.

La emperatriz Isabel de Baviera ("Sisi", como la apodaban cariñosamente) pasaba horas escribiendo poesía en el **gabinete de las Escaleras,** de color rubí, y repasando varios idiomas europeos mientras cuidaban de sus interminables rizos en la intimidad de su **vestidor.** El **dormitorio imperial** está tapizado en seda azul y blanca.

De las paredes del neorrococó **salón de la Emperatriz** cuelgan los retratos de algunos de los 16 hijos de María Teresa, como el de María Antonieta en traje de caza, ajena a su triste final en París en 1793. En la mesa preparada con copas

y porcelana fina de la **habitación de María Antonieta** es donde Francisco José solía atiborrarse de *goulash* y *Schnitzel* (Sisi, siempre preocupada por la línea, prefería tomar en privado caldo de ternera y fresas).

Hay más retratos de la prole de María Teresa en la **habitación de los Niños** y la **habitación del Balcón,** decoradas con obras de Martin van Meytens, pintor de la corte. Atención especial merece el de la desventurada hija **María Isabel,** considerada una belleza pero a quien la viruela dejó tan desfigurada que perdió toda esperanza en encontrar marido e ingresó en un convento de por vida.

En el exquisito **salón de los Espejos,** blanco y dorado, un Mozart de solo 6 años actuó para una entusiasmada María Teresa en 1762. La más bonita de todas las estancias del palacio es la **Gran Galería,** de 40 m de largo, dedicada a los grandes bailes y banquetes, un delirio de estuco, espejos y lámparas de araña doradas coronado por un fresco del artista italiano Gregorio Guglielmi que muestra la glorificación del reino de María Teresa. Aquí fue donde se celebró el Congreso de Viena de 1814-1815, que reestableció las fronteras de Europa tras la derrota de Napoleón.

Se atraviesan los **gabinetes chinos,** repletos de porcelana, para llegar a la desmesura ecuestre de la **habitación del Carrusel** y al **salón de Ceremonias,** con cinco monumentales lienzos de los esponsales de José, heredero al trono, con Isabel de Parma en 1760. Mozart, que solo tenía 4 años cuando se celebró la boda, fue añadido en el último momento por el artista, pues tardó varios años en completar el cuadro.

Si se dispone de un pase Grand Tour, se puede seguir con un guía o una audioguía hasta el **ala este.** Las estancias de Francisco Esteban empiezan en el sublime **salón Chino Azul,** empapelado con papel de arroz chino. Las mesas de *pietra dura,* con incrustaciones de piedras semipreciosas, son grandes ejemplos de artesanía florentina. Las negociaciones que llevaron al derrumbe del Imperio austrohúngaro en 1918 se celebraron aquí. Un siglo antes, Napoleón eligió Schönbrunn como cuartel general cuando ocupó Viena en 1805 y 1809, y la **sala de Napoleón** fue donde quizá soñó con su siguiente conquista. Repárese en el retrato de su único hijo legítimo, Napoleón II, duque de Reichstadt, a modo de niño angelical en el parque del Schloss Laxenburg.

Se llega a la desconcertante **sala de Porcelana** (sus guirnaldas y marcos tridimensionales son imitaciones de cerámica en madera) y después se atraviesan la exquisita e insólita **sala de los Millones,** enmaderada con palisandro, el **salón de los Gobelinos,** lleno de tapices flamencos, y el **salón Rojo,** repleto de retratos de los Habsburgo, para desembocar en el **dormitorio** de María Teresa, con una cama con dosel cubierta de terciopelo rojo y bordados dorados que se conserva en una estancia con control de humedad. En ella nació Francisco José en 1830. Los retratos de los Habsburgo cuelgan de las paredes rojo damasco del **estudio** del archiduque Francisco Carlos, y el circuito concluye en la **sala de Caza,** con pinturas que revelan los orígenes de Schönbrunn como pabellón cinegético.

Jardines

Trazados en estilo formalista francés, estos bellos y cuidados **jardines,** inmersos en el extenso Schlosspark, son bonitos en cualquier época del año: una sinfonía de color en verano y una paleta de grises y marrones en invierno.

José II los abrió al público en 1779 y albergan algunas atracciones en las avenidas arboladas, que fueron dispuestas según un sistema reticular y estrellado entre 1750 y 1755. Entre 1772 y 1780, Johann Ferdinand Hetzendorf añadió unos toques finales por orden de María Teresa: las falsas **ruinas romanas** en 1778; el **Neptunbrunnen,** un capricho imperial de temática mitológica griega de 1781; y la joya que corona la loma Schönbrunn, la **Gloriette** de 1775, que regala unas vistas, como sugiere el nombre, gloriosas.

El palacio debe su nombre a la **Schöner Brunnen.** La fuente original ahora mana del cántaro de piedra de una ninfa cerca de las ruinas romanas. En una moderna reconstrucción del **Irrgarten** original de 1720, un circuito se desdobla entre un laberinto cerrado que conduce a un mirador y un paseo de 10 min con estaciones interactivas de espejos y musicales.

Al este del palacio se halla el **Kronprinzengarten,** una réplica del jardín barroco que ocupaba el espacio en 1750. Su elevado parterre Jardín en la Bodega está rodeado por una pérgola enrejada que forma un túnel, con un mirador a medio camino.

El alargado y abovedado **invernadero** sigue siendo uno de los dos invernaderos barrocos más grandes del mundo, junto al de Versalles, y aún crecen en él frutas exóticas.

Palmenhaus.

ROSSHELEN/SHUTTERSTOCK ©

Kindermuseum

En el **Kindermuseum** (kindermu seumschoenbrunn.at) las actividades y exposiciones permiten a los niños conocer el día a día en la corte de los Habsburgo, y después pueden disfrazarse de príncipes o princesas y empezar a dar órdenes a sus siervos (sus padres). Hay otras salas dedicadas a juguetes, ciencias naturales y arqueología donde se pueden entretener. Las entradas son para horas fijas; en la web figuran los circuitos temáticos que se ofrecen todo el año.

Marionetten Theater

Este pequeño **teatro** (marionetten theater.at) programa espectáculos de marionetas de obras como *La flauta mágica* y *Aladdín,* algunas más largas para adultos y otras más cortas para toda la familia. El vestuario de las marionetas es muy elaborado y vistoso. Hay funciones en alemán y otras en inglés.

Wagenburg

El **Wagenburg** (kaiserliche-wagen burg.atr) es una enorme colección de carruajes imperiales "tuneados" que incluye el de la coronación del emperador Francisco I, con su ornamentado chapado en oro, hojas de cristal veneciano y querubines pintados: 4000 kg en total. También conviene fijarse en el minúsculo carruaje construido para el hijo de Napoleón, con guardabarros en forma de ala de águila y motivos de abejas.

Zoo de Schönbrunn

Fundado en 1752 como casa de fieras del emperador Francisco I, el **Tiergarten** (zoovienna.at) es el zoo más antiguo del mundo en funcionamiento ininterrumpido que incorporó proyectos para la protección de especies.

Entre sus 700 especies de animales hay pandas gigantes, osos polares y tigres siberianos. Los horarios de alimentación se reparten a lo largo del día; consúltense los mapas para saber quién come y cuándo. El zoo está trazado como una rueda de bicicleta, con senderos a modo de radios que parten de un pabellón octogonal central.

El pabellón, de 1759, se utilizaba como sala de desayunos imperial.

Wüstenhaus

La pequeña **Wüstenhaus,** cerca de la Palmenhaus, aprovecha la antaño abandonada Sonnenuhrhaus (casa del Reloj Solar) para recrear áridos ambientes de desierto.

Sus cuatro secciones (África, Oriente Medio, las Américas y Madagascar) acogen insólitos cactus y animales del desierto, como la rata topo desnuda del este de África.

Palmenhaus

La **Palmenhaus** es como un *déjà vu* para los londinenses. La construyó Franz Segenschmid en 1882 a imagen y semejanza de la Palm House de los Kew Gardens. Acoge una verdadera jungla de plantas tropicales de todo el mundo.

1
Stefan
Fadinger-Platz
4021

Guía práctica

Tranvía de Viena (p. 149). /PHOTO.UA/SHUTTERSTOCK ©

Antes de partir

Reservas

- Viena tiene alojamientos para todos los presupuestos; hay que reservar con antelación de Semana Santa a septiembre y en períodos especiales como Navidad.
- Hay algunos albergues, tanto privados como afiliados a Hostelling International (HI), para los que sí hay que hacerse socio.
- Los alojamientos de precio medio van desde hogareñas *Pensionen* (pensiones), a menudo familiares, hasta hoteles elegantes y apartamentos.
- Entre las opciones de gama más alta hay desde hoteles decorados con lámparas de araña, mobiliario antiguo y óleos del s. XIX hasta establecimientos de diseño moderno.
- El desayuno no siempre está incluido; a veces sale más a cuenta ir a un café.

Webs

- **Hostel World** Portal para reservar albergues en todo el mundo (hostelworld.com).
- **Hostelling International** (hihostels.com) Red mundial de asociaciones de albergues juveniles.
- **Tourist Info Wien** (wien.info/en/hotels) Oficina de turismo de Viena.

Los mejores alojamientos económicos

- **JO&JOE** (joandjoe.com/vienna) Atípico híbrido de albergue y hotel con terraza con vistas a la ciudad.
- **Superbude Wien Prater** (superbude.com/hotel-wien/prater) Hotel alternativo en el Prater con habitaciones temáticas con murales.
- **Hotel am Brillantengrund** (brillantengrund.com) En el moderno distrito 7 y en torno a un animado patio.
- **Wombat's City Hostel Naschmarkt** (wombats-hostels.com)

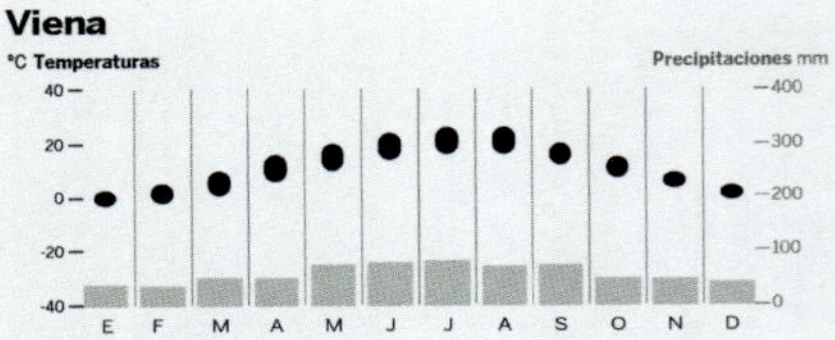

Cuándo ir

- **Primavera** (abr-jun) Semana Santa marca el inicio de la temporada estival de Viena; en junio se celebran muchos festivales al aire libre.
- **Verano** (jul-ago) Calor, playas fluviales y lugares donde darse un chapuzón. Muchos restaurantes, bares y tiendas pequeñas cierran para las vacaciones estivales.
- **Otoño** (sep-oct) Caen las temperaturas y los turistas, y llega el *Goldener Oktober* (octubre dorado) a los parques de la ciudad.
- **Invierno** (nov-mar) Los mercados navideños abren a mediados de noviembre. Suele aparecer la nieve y se instalan pistas de patinaje sobre hielo en toda la ciudad.

Da al Naschmarkt, gran noticia para aprovechar la cocina comunitaria.

Los mejores alojamientos de precio medio

- **25 Hours Hotel** (25hours-hotels.com) Hotel de moda de inspiración circense. El bar Dachboden y la terraza de la azotea ofrecen vistas al MuseumsQuartier.
- **Grand Ferdinand Hotel** (grandferdinand.com) Habitaciones y suites decoradas con gusto.
- **Hotel Motto** (hotelmotto.at) En algún punto entre el París de la década de 1920 y la Viena de un siglo después. Restaurante *art déco* y azotea con parrilla.
- **Die Josefine Hotel** (hoteljosefine.at) Hotel-*boutique* muy a lo *Gran Gatsby* y la taberna clandestina Barfly's.

Los mejores alojamientos de precio alto

- **Hotel Sacher** (sacher.com) El glamur del viejo mundo, y sede de la cafetería más famosa de Viena.
- **Hotel Imperial** (marriott.com) El favorito de la aristocracia europea.
- **Sans Souci Wien** (sanssouci-wien.com) Mobiliario de diseño original, *pop art* y gran localización frente al MuseumsQuartier.
- **The Guest House** (theguesthouse.at) Precioso hotel-*boutique* delante del Albertina, con el sello atemporal del británico Terence Conran.

Cómo llegar

Aeropuerto internacional de Viena

Situado 18 km al sureste del centro, el **aeropuerto internacional de Viena** (VIE; viennaairport.com) ofrece vuelos a/desde todo el mundo. Entre sus instalaciones hay cafés, restaurantes, bares, bancos y cajeros automáticos, oficinas de cambio, supermercados, automóviles de alquiler y una consigna (terminal 3).

City Airport Train (CAT; cityairporttrain.com) Salidas cada 30 min, del aeropuerto de 6.08 a 23.38 y de la estación de trenes Wien-Mitte de 5.37 a 23.07; billete 14,90 €; duración del viaje 16 min.

Tren de cercanías S7 (4,40 €, 30 min) Cubre el mismo trayecto a/desde el aeropuerto que el CAT, con salidas del aeropuerto a Wien-Mitte de 4.49 a 1.19 y de Wien-Mitte de 4.19 a 12.49.

Vienna Airport Lines (viennaairportlines.at) Tres líneas de autobuses comunican Viena con el aeropuerto. La parada más céntrica de Vienna Airport Lines está en Morzinplatz/Schwedenplatz (línea VAL 2; ida/ida y vuelta 9,50/16 €, 20 min).

Taxi Un taxi a/desde el aeropuerto cuesta 40-50 €. Los amarillos de **Taxi 40100** (taxi40100.at), que aguardan delante del vestíbulo de llegadas (cerca de Starbucks), tienen una tarifa plana de 42 €.

Uber o Bolt Entre el aeropuerto y el centro cuesta 30-38 €.

Billetes y abonos

Los billetes y abonos para los servicios (*U-Bahn*, tranvías y autobuses) de **Wiener Linien** (wienerlinien.at) se venden en las estaciones del *U-Bahn*, a bordo de tranvías y autobuses, en *Tabakladen* (*Trafik;* estanco) y algunas taquillas.

Billete sencillo (*Einzelfahrschein;* 2,40 €) Válido para un viaje, con transbordos; cuesta 2,60 € si se compra en tranvías y autobuses (importe exacto).

Billetes de 24/48/72 h (8/14,10/17,10 €) Deben validarse.

Tarjeta de una semana (*Wochenkarte;* 17,10 €) Válido solo de lunes a domingo (o sea, que si se compra un viernes solo sirve hasta el domingo).

Tarjeta de ocho días (*8-Tage-Klimakarte;* 40,80 €) Tiene validez para ocho días, no necesariamente consecutivos; se valida cuando se necesita.

Billete digital Descárguese la *app* WienMobil para comprar billetes y planificar rutas.

Wien Hauptbahnhof

En la principal estación de trenes de Viena, situada 3 km al sur de la Stephansdom. En ella operan todos los servicios internacionales y nacionales, también los locales y regionales.

Tren

'S-Bahn' Las líneas S1, S2 y S3 comunican la Wien Hauptbahnhof con las estaciones de Wien Meidling, Wien Mitte-Landstrasse y Praterstern.

'U-Bahn' La línea U1 va a Karlsplatz, Stephansplatz y Praterstern.

Tranvía

El nº 0 va a Landstrasse y Praterstern, y el nº 18, a Westbahnhof y Burggasse/Stadthalle. El tranvía D comunica Hauptbahnhof-Ost con Ringstrasse.

Autobús

El nº 13A cruza los *Vorstädte* (barrios periféricos) del centro (Margareten, Mariahilf, Neubau y Josefstadt), todos entre Ringstrasse y Gürtel (gran cinturón de Viena).

Cómo desplazarse

Autobús

- Son útiles para ir a zonas urbanas apartadas o para usuarios con movilidad reducida.
- Casi todas las líneas circulan de 5.00 a 24.00, con menos servicios (inexistentes, a veces) los fines de semana.
- Los servicios nocturnos cubren casi toda la ciudad y salen cada 30 min entre 12.30 y 5.00. Muchos paran en Schwedenplatz, Schottentor y Kärntner Ring/Oper; estos autobuses y sus paradas está señalizados con una "N". Todos los

títulos de transporte son válidos para los servicios nocturnos.

- El N25 recorre Ringstrasse y después cruza Schwedenplatz hasta Leopoldstadt, Kagraner Platz y más lejos entre semana.

Bicicleta

- Se pueden llevar gratis en los vagones del *U-Bahn* señalizados con el símbolo de una bici de 9.00 a 15.00 y después de las 18.30 (lu-vi), y todo el día los sábados y domingos. También en los trenes del *S-Bahn*, y a cualquier hora.
- Está prohibido llevarlas en tranvías y autobuses.
- La ciudad gestiona el sistema de bicicletas compartidas **WienMobile Rad** (Vienna City Bike; wienerlinien.at/wienmobil/rad), con 185 estaciones por toda Viena.

Taxi

- Fiables y bastante económicos para el estándar europeo occidental.
- El taxímetro indica el precio de los trayectos urbanos; la bajada de bandera es de 3,80 € de 6.00 a 23.00 de lunes a sábado y de 4,30 € fuera de este horario, más 0,95 € por km.
- Pedir uno por teléfono cuesta 2,80 € más. Por ejemplo, se puede contactar con **Taxi 40100** (☎ 01-401 00; taxi40100.at) o **Taxi 31300** (☎ 01-601 60; taxi31300.at), que aceptan las tarjetas de crédito y débito habituales (aunque mejor preguntar antes). El taxista espera una propina del 10%.
- Son fáciles de encontrar en las estaciones de trenes y paradas oficiales.

Tranvía

- La extensa (29 líneas) red del tranvía es ideal para ver la ciudad por poco dinero.
- Los vehículos se identifican tanto con números como con letras (p. ej. 1, 2, D).
- Circulan de 5.15 a 23.45.

Tren

'U-Bahn'

- El *U-Bahn* (metro) es una forma rápida, eficiente y económica de desplazarse por la ciudad.
- Tiene cinco líneas: de la U1 a la U4 y la U6. La construcción de la sexta (U5) terminará presumiblemente en el 2026.
- En las estaciones hay ascensores, escaleras mecánicas y mapas. Los anuncios por megafonía también se realizan en inglés. En los andenes están los horarios y señales que indican las salidas y las instalaciones cercanas.
- Circulan de 5.00 a 24.00 (lu-ju) y de forma ininterrumpida de viernes a domingo.

'S-Bahn'

- Estos trenes, indicados por una "S" seguida de un número, suman 10 líneas y van hasta los barrios de extrarradio o pueblos de la periferia. Circulan de 4.30 a 1.10.
- Si se sale de Viena, y fuera de la zona tarifaria del billete, hay que comprar una extensión del mismo, o uno nuevo en una máquina de la estación; conviene consultar los mapas de las estaciones.

Billetes y mapas

- Los billetes de tarifa plana son válidos para trenes, tranvías, autobuses, el metro

(U-Bahn) y los trenes regionales de *S-Bahn* en la zona central de Viena. Los servicios son frecuentes y raras veces hay que esperar más de 10 min.

- Hay mapas gratis de Wiener Linien en las estaciones de *U-Bahn*.

Información esencial

Descuentos

La **Vienna Card** (viennacitycard.at; Die Wien-Karte) ofrece viajes ilimitados en el transporte público (autobuses nocturnos incl.) e infinidad de descuentos en algunos museos, cafés, *Heurigen* (tabernas), restaurantes y tiendas, así como en circuitos guiados y en el City Airport Train (CAT). Se aplica un descuento del 5-25% sobre el precio normal. Se vende en línea o en Tourist Info Wien (p. 152), en la oficina de información del aeropuerto y en muchos de los mejores hoteles.

Dinero

Cajeros automáticos

Hay muchos *Bankomats* que aceptan tarjetas de crédito y de débito.

Tienen un rótulo luminoso con la franja superior en verde y la inferior en azul.

Tarjetas de crédito

Visa, EuroCard y MasterCard se aceptan más que American Express y Diners Club. Sin embargo, hay bastantes tiendas y restaurantes que no aceptan el pago con tarjeta.

Los billetes de tren se pueden comprar con tarjeta de crédito en las estaciones principales, pero no todas las tarjetas no europeas valen; habría que preguntar al banco emisor.

Propinas

Restaurantes y cafés Suelen esperar propina; si solo se toma un café o una cerveza y la cuenta es reducida se suele sumar 0,50 € o hasta el siguiente euro; en las comidas, el 5-10% del total.

Taxis Los taxistas esperan una propina del 10%.

Botones de hotel y encargado de guardarropía 1-2 euros.

Electricidad

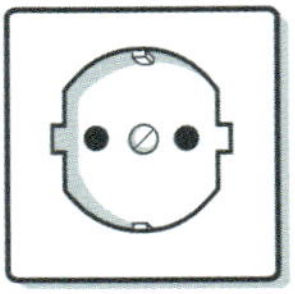

Tipo F
230V/50Hz

Fiestas oficiales

Los únicos establecimientos que abren los festivos son los bares, cafés y restaurantes; también los museos, salvo los días de Año Nuevo, Navidad y, a veces, el Día del Trabajo. Las vacaciones estivales escolares son en julio y agosto. Viena está entonces más tranquila, aunque muchos restaurantes y establecimientos también cierran.

Año Nuevo (Neujahr) 1 de enero

Epifanía (Heilige Drei Könige) 6 de enero

Lunes de Pascua (Ostermontag) Marzo o abril

Día del Trabajo (Tag der Arbeit) 1 de mayo

Día de la Ascensión (Christi Himmelfahrt) Sexto jueves después de Pascua

Lunes de Pentecostés (Pfingstmontag) Sexto lunes después de Pascua

Corpus Christi (Fronleichnam) Segundo jueves después de Pentecostés

Día de la Asunción (Mariä Himmelfahrt) 15 de agosto

Día Nacional (Nationalfeiertag) 26 de octubre

Todos los Santos (Allerheiligen) 1 de noviembre

Inmaculada Concepción (Mariä Empfängnis) 8 de diciembre

Nochebuena (Heiligabend) 24 de diciembre; todo cierra por la tarde

Navidad (Christfest) 25 de diciembre

Día de San Esteban (Stephanitag) 26 de diciembre

Horario comercial

Muchos restaurantes, bares, locales de ocio y tiendas cierran en julio/agosto.

Bares y clubes Los bares abren de 14.00 o 16.00 a entre 24.00 y 4.00 (si sirven comidas abren antes); y las discotecas, de 22.00 a 6.00 (ma-sa).

Restaurantes Abren de 11.00 a 22.00 o 23.00. Algunos cierran entre 14.00 y 18.00.

Tiendas De 10.00 a 18.30 (lu-vi); las de las calles comerciales pueden alargarse hasta las 20.00 (ju y vi). Los sábados cierran a las 17.00. Todas cierran los domingos.

Supermercados De 8.00 a 20.00 (lu-vi), y hasta las 18.00 (sa). Cierran los domingos.

Información turística

Tourist Info Wien (wien.info) La oficina principal está frente al Albertina; vende entradas, reserva hoteles y da mapas y folletos.

Oficina de información del aeropuerto (wien.info) Mapas, la Vienna Card y reservas de hotel. Está en el vestíbulo de llegadas del aeropuerto internacional.

Oficina de información del Rathaus (wien.gv.at) El Ayuntamiento de Viena informa sobre asuntos sociales, culturales y prácticos. Hay una útil pantalla.

Lavabos públicos

- Los centros comerciales y los grandes almacenes tienen lavabos públicos gratis.
- Los "WC" en estaciones del *U-Bahn* y en lugares públicos suelen cobrar 0,50 €.
- Los de los museos siempre están limpios.
- En cafés y bares, solo los clientes pueden usar los aseos; se puede preguntar antes o tomar algo.

Teléfono

Prefijo del país 43

Prefijo de zona El de Viena es el 01. Desde el extranjero, no se marca el cero.

Tarjetas SIM de prepago Las tiendas de telefonía, los quioscos y los *Tabakladen* (estancos) venden tarjetas SIM de prepago.

Turismo accesible

Todas las estaciones del *U-Bahn* son accesibles en silla de ruedas y tienen bandas podotáctiles para invidentes. Los autobuses están equipados con rampas y tecnología de inclinación, y la mayoría de los tranvías tiene una rampa retráctil para sillas de ruedas. Los semáforos emiten un pitido para indicar a los peatones invidentes que pueden cruzar.

Tourist Info Wien Facilita información y consejos. Su detallada guía *Accessible Vienna* (en alemán o inglés) incluye información sobre hoteles y restaurantes adaptados, además de direcciones de hospitales, tiendas con material médico, plazas de aparcamiento, lavabos, etc. Más información en wien.info/en/travel-info/accessible-vienna.

Viaje seguro

- Viena es una ciudad muy segura y, en general, se puede caminar tranquilo una vez oscurecido.
- Por la noche, en las inmediaciones de la estación de Karlsplatz ya no hay tanto bullicio como antes, pero el parque aledaño, aunque seguro, quizá no agrade.
- El Prater y Praterstern pueden ser zonas peliagudas de noche.
- En Gürtel hay algunos clubes de alterne: al norte de la Westbahnhof, por la Neubaugürtel, está la mayoría (hay menos por Thaliastrasse); y al sur hasta Gumpendorfer Strasse puede ser sórdido.
- La zona que rodea la estación de Westbahnhof ha mejorado con la apertura de locales, pero Felberstrasse aún es insegura: mejor evitarla de noche.
- La zona al oeste de Margareten y de las paradas del *S-Bahn* y del tranvía de Wiedner Gürtel pueden ser problemáticas.

Viajeros LGTBIQ+

Viena cada vez es más abierta hacia las parejas LGTBIQ+, y el país legalizó los enlaces civiles y matrimonios homosexuales en el 2019.

Die Villa (dievilla.at) aconseja e informa sobre la oferta de ambiente. Más información en wien.info/en/vienna-for/gay-lesbian.

Visados

- La mayoría de países no necesita visado para estancias inferiores a 90 días. En caso de duda, mejor informarse.
- La web del Ministerio Federal de Europa (bmeia.gv.at) incluye una lista con las embajadas austríacas.
- Austria está en la Zona Schengen, que incluye todos los estados de la UE (menos Irlanda) y otros países europeos, como Suiza. En general, un visado Schengen sirve para los demás miembros.
- Desde el 2025, los ciudadanos extracomunitarios que no necesiten visado para entrar a la Zona Schengen precisarán una autorización previa de entrada. Se puede solicitar en línea: etias.com; una autorización para tres años con múltiples entradas cuesta 7 €.

Idioma

El alemán es la lengua nacional de Austria, aunque el país tiene sus propias variantes en lo que se refiere a saludos y a ciertas frases. Pertenece a la familia de lenguas germánicas occidentales y tiene 100 millones de hablantes en todo el mundo.
En alemán, el acento recae sobre todo en la primera sílaba.

El alemán tiene modo formal e informal para la segunda persona del singular (*Sie* y *du*, respectivamente). Cuando alguien se dirige a otra persona que no conoce, se usa el modo formal, *Sie*. En esta guía, se usa el modo formal, salvo cuando se vea (for/inf), que indica ambas opciones. Las formas masculina y femenina se indican con (m/f).

Para tener más herramientas para comunicarse, como una guía de conversación, se puede consultar lonelyplanet.com.

Lo básico

Hola.
Servus.

Adiós.
Auf Wiedersehen.

¿Cómo está/estás? (for/inf)
Wie geht es Ihnen/dir?

Bien, gracias.
Danke, gut.

Por favor.
Bitte.

Gracias.
Danke.

Disculpe./Perdón.
Entschuldigung.

Sí./No.
Ja./Nein.

¿Habla usted (inglés)?
Sprechen Sie Englisch?

(No) entiendo.
Ich verstehe (nicht).

Dónde comer y beber

Soy vegetariano/a. (m/f)
Ich bin Vegetarier/Vegetarierin.

¡Salud!
Prost!

¡Estaba delicioso!
Das war sehr lecker!

La cuenta, por favor.
Die Rechnung, bitte.

Quisiera...
Ich möchte...

un café
einen Kaffee

una copa de vino
ein Glas Wein

una mesa para dos
einen Tisch für zwei Personen

dos cervezas
zwei Bier

De compras

Quisiera comprar...
Ich möchte... kaufen.

¿Puedo verlo?
Können Sie es mir zeigen?

¿Cuánto cuesta?
Wie viel kostet das?

Es demasiado caro.
Das ist zu teuer.

¿Podría bajar el precio?
Können Sie mit dem Preis heruntergehen?

Hay un error en la cuenta.
Da ist ein Fehler in der Rechnung.

Urgencias

¡Ayuda!
Hilfe!

¡Llamen a un médico!
Rufen Sie einen Arzt!

¡Llamen a la policía!
Rufen Sie die Polizei!

Me he perdido.
Ich habe mich verirrt.

Estoy enfermo.
Ich bin krank.

¿Dónde está el lavabo?
Wo ist die Toilette?

Horas y números

¿Qué hora es?
Wie spät ist es?

Son las (10) en punto.
Es ist (zehn) Uhr.

mañana	*Morgen*
tarde	*Nachmittag*
noche	*Abend*
ayer	*gestern*
hoy	*heute*
mañana	*morgen*

1	*eins*
2	*zwei*
3	*drei*
4	*vier*
5	*fünf*
6	*sechs*
7	*sieben*
8	*acht*
9	*neun*
10	*zehn*
100	*hundert*
1000	*tausend*

Transporte y direcciones

¿Dónde está...?
Wo ist...?

¿Cuál es la dirección?
Wie ist die Adresse?

¿Me lo puede indicar (en el mapa)?
Können Sie es mir (auf der Karte) zeigen?

Quisiera ir a...
Ich mochte nach... fahren.

¿A qué hora sale?
Wann fährt es ab?

¿A qué hora llega?
Wann kommt es an?

¿Para en...?
Hält es in...?

Quisiera apearme aquí.
Ich mochte hier aussteigen.

Entre bastidores

Actualización y sugerencias

Si el lector encuentra cambios en los lugares descritos u otros recién inaugurados, le agradeceremos que escriba a Lonely Planet en www.lonelyplanet.com/contact/guidebook_feedback/new para mejorar la próxima edición. Todos los mensajes se leen, se estudian y se verifican. Quienes escriban verán su nombre reflejado en el capítulo de agradecimientos de la siguiente edición. Determinados fragmentos de la correspondencia de los lectores podrían aparecer en nuevas ediciones de las guías Lonely Planet, en la web de Lonely Planet, así como en la información personalizada. Se ruega a todo aquel que no desee ver publicadas sus cartas ni que figure su nombre que lo haga constar.

Agradecimientos de Becki

Un gracias enorme a los profesionales del turismo del Vienna Tourist Board y los lugares de interés histórico, así como a los comisarios de arte de los museos del Hofburg, el grupo del Kunsthistorisches Museum, MQ y Belvedere, por su inestimable ayuda. Más gracias a todos los de mi barrio en el distrito 8 y a mi compañero vienés, Markus. Viena no hubiera sido un hogar sin todos vosotros.

Reconocimientos

Índice

Véanse también los subíndices:

Dónde comer p. 158
Dónde beber p. 159
Ocio p. 159
De compras p. 159

Puntos de interés 000
Planos **000**

Dónde comer

Puntos de interés 000
Planos **000**

Dónde beber

Ocio

De compras

La autora

Becki Enright es una galardonada escritora de viajes y bloguera especializada en cultura, aventura y viaje responsable. Vive en Viena desde hace ocho años y publica sobre ella y toda Austria en artículos para, entre otros medios, *National Geographic, The Guardian, The Independent* y *The Sunday Times*. Además, es la autora del capítulo "Vienna" de la guía *Austria* de Lonely Planet. Cuando no trabaja, Becki suele ir de excursionismo por las montañas o a indagar en ciudades históricas y destinos incomprendidos de todo el mundo. Se pueden encontrar sus últimos trabajos en bordersofadventure.com y en las redes sociales. *@bordersofadventure*

geoPlaneta
Av. Diagonal 662-664, 08034 Barcelona
www.geoplaneta.com – www.lonelyplanet.es

Lonely Planet Global Limited
Lonely Planet Global Limited, Digital Depot,
The Digital Hub, Dublín D08 TCV4, Irlanda
www.lonelyplanet.com
Contacta con Lonely Planet en: lonelyplanet.com/contact

Viena
6ª edición en español – octubre del 2024
Traducción de *Vienna*, 5ª edición – junio del 2024
© Lonely Planet Global Limited
1ª edición en español – abril del 2011

Editorial Planeta, S.A.
Av. Diagonal 662-664, 7º. 08034 Barcelona (España)
Con la autorización para la edición en español de Lonely Planet Global Limited, Digital Depot,
The Digital Hub, Dublín, D08 TCV4, Irlanda

ISBN: 978-84-08-28998-2
Depósito legal: B. 6.658-2024
Impresión y encuadernación: Unigraf
Printed in Spain – Impreso en España